女人
妳值得100分的幸福

小紀老師（紀惠芳）
NLP執行師
天賦諮詢師
幸福設計師
一對一諮詢案例超過2000位

WOMAN
HAPPY 100

推薦序

一位真正活出信念的女人，如何帶領萬千女性走回幸福？

白傑　道術勢企管顧問有限公司總經理／天賦原動力華文區代理

我一直記得第一次見到惠芳姐的感覺——她很穩，很真，也很有熱情。那時，她是我天賦系統課程的學員，從學習者開始，她不僅深刻理解這套系統的核心，更把它落實在她的生活與教學中。後來她進一步成為我們的天賦諮詢師，甚至加入公司，和我們一起推廣「企業天賦」。我們曾是夥伴，攜手在台灣各地推動天賦應用，為個人與團隊創造看得見的轉變。

這段同行的歷程，讓我深深看見她的特質——她不是一個只學習理論的人，而是一個會把知識轉化為真實改變的行動者。她對人的敏銳、對生命的誠懇，以及對每一位女性的關注與疼惜，讓她的教學充滿靈魂的溫度。

後來她選擇專注在一個她最深刻、有熱情的領域：幫助女人找回幸福。她不僅是台灣少數真正「把NLP（神經語言學）和NAC（神經鏈調整術，源自於安東尼羅賓的系統）融合到潛意識工作與女性成長裡的老師，更把我們的天賦系統融合進去，發展出獨特而完整的引導路徑。這幾年，我見證她從疫情期間在線上出發，到如今建立屬於她的品牌、影響上千女性，不只是因為她會教，而是因為她「活出她所教的每一句話」。

我特別敬佩她的一點是：她沒有要教大家成為完美的女人，而是陪伴大家回到「真實的自己」。她從不走誇大、不營造人設，她的每一次帶領，都紮實地建立在自己走過、痛過、療癒過的真實經驗裡。包括她的愛情故事——從歷經十五年的情感低谷，到最後遇見年紀差十幾歲的靈魂伴侶——這背後不是奇蹟，而是她經年累月地轉化信念、療癒創傷，並深信自己值得幸福的結果。

這本《女人，妳值得一〇〇分的幸福》，就像是她用生命醞釀出來的禮物。書中融合了她多年來的教學精華，也記錄了她最真實的故事，沒有包裝、沒有粉飾，而是一頁頁溫柔而有力的對話。她用文字陪每一位女人照鏡子，看見自己曾經壓抑的渴望與委屈，並告訴妳：「幸福，不是別人給的，是妳可以選擇的。」

如果妳正在人生的十字路口、關係的痛點、或內心的自我懷疑裡，我真心邀請妳，打開這本書。讓小紀老師帶妳重新看見自己，重新選擇愛，重新定義妳想要的幸福。因為幸福從來不是努力就有，而是從妳開始允許、開始相信、開始愛自己那一刻起，悄悄綻放。

我為她感到驕傲，也為她所影響的每一位女性感到欣喜。這世界值得有更多像她這樣的女人，也值得有更多女人，活成像她這樣的自己。

因為妳真的值得——一〇〇分的幸福。

推薦序

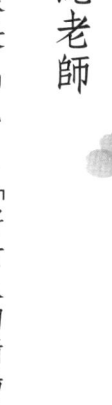

上帝派來的天使——小紀老師

路隊長 Podcast「好女人的情場攻略」主持人

哇！時間過得真快。今天，我滿懷感動地為小紀老師寫下這段文字——誠摯恭喜他完成人生中一個重要的里程碑：出版了第一本書《女人，妳值得一○○分的幸福》。

我還記得第一次與小紀老師相識，是在二○二一年，我主持的兩性Podcast節目【好女人的情場攻略】中。她在節目中坦然分享童年痛失父親的經歷，那一刻，我深深感受到：這份生命中的悲傷，她早已昇華為推動自己幫助他人的巨大能量，就像是來自靈魂深處的召喚。

當時她對我說：「我想幫助一○○個人脫單，走出痛苦，遇見理想伴侶。」我還打趣回她：「小紀老師，我們節目一集就好幾萬人聽耶，一○○人太小目標啦！」

沒想到，從那時起，我們展開了一段長達數年的合作旅程，也見證了好多好多生命的轉變。

接下來的四年裡，我們共同舉辦了一梯又一梯的【一〇〇天吸引理想伴侶工作坊】，超過三〇〇位學員投入學習。在小紀老師的帶領下，他們一步步深入探索潛意識的愛情劇本、療癒原生家庭的創傷、列下理想伴侶清單，並透過二十一天鏡子冥想練習，重新與自己建立連結，書寫全新的幸福藍圖。

我也親眼見證，每個月都有學員在療癒創傷、轉化信念之後，奇蹟似地遇見了理想伴侶。因此，我們私下都暱稱她為「脫單魔法師」。

我最佩服小紀老師的一點，就是她對於潛意識「bug」的洞察力。她就像一位熟悉潛意識語言的魔法師，總能在一次對談中，精準地看見藏在人們心中多年、甚至數十年的創傷根源。許多學員原本深信自己「不值得被愛」、「愛情不屬於我」，但在短短幾次諮詢後，他們竟然重新找回了愛自己的能力與勇氣。

而最讓我動容的，是小紀老師對學生那份「不計代價的愛」。在工作坊期間，她幾乎每天從早忙到深夜十點、十一點，持續進行一對一的諮詢與指導，從不抱怨、從不喊累。這不是一般老師做得到的事。我認為，這是來自她內心深處的使命感——希望能奉獻生命與靈魂，幫助更多人走向幸福。

如今，她把這些年來教學與陪伴的精華，濃縮在這本書裡，送到你手中。她說，她的人生使命，是幫助一千萬人獲得「一〇〇分的幸福」。我相信她一定能做到，因為她早已幫助上千人改寫人生劇本，我相信，這本書，就是讓更多人翻轉命運的起點。

最後，我也想祝福正在閱讀這本書的你：

無論你曾經歷什麼樣的痛苦與低谷——請相信，你值得被愛，你值得幸福，而且，是「一〇〇分的幸福」。

願你在這本書的引導下，看見自己本就擁有愛與幸福的能力。

讓我們一起加油！

推薦序

一〇〇分幸福女人的誕生

黃佳興　佳興成長營創辦人

在課程裡，我常說一句話：

「不是你不夠努力，而是你被信念卡住了。」

許多女人在關係裡耗盡了自己，卻還是覺得不夠好、不被愛，甚至懷疑自己是不是哪裡做錯了。

但真相是，她們早就做得夠多，只是從沒學會怎麼真正照顧自己。

這也是我當年認識惠芳時，最深的感受。

她，是個看起來很堅強、很會照顧別人的女人。但我知道，她把所有的愛都給了別人，卻沒留一點給自己。

一路走來，我見證她經歷痛苦、崩潰，也經歷覺察、重建，最重要的是——她願意誠實面對，願意轉化信念、修補內在，重新定義「幸福」的樣子。

而現在，這個曾經在課堂上流淚的女人，已經成為**能帶領別人覺醒的引路人。**

這本《女人，妳值得一〇〇分的幸福》，不只是她的文字作品，更是一份她用生命淬鍊出來的禮物。

她寫的，不只是觀念，而是她親身走過的路。那些曾經刺痛她的情感故事、讓她自我懷疑的關係經歷，通通沒被美化，反而更真誠、動人。

她用文字幫每一位女人照鏡子，看見自己那些**總是「撐著」卻不敢說出口的委屈與渴望。**

她不幫你解釋，而是陪你重新選擇。

書中你會不斷聽到熟悉的話語：

- 「潛意識的信念，才是我們行為背後的根本驅動」
- 「幸福不是別人給的，是你允許自己去活的」
- 「愛別人之前，你要先學會怎麼愛你自己」

•「你可以選擇繼續討好，也可以選擇轉身回家」

這些都不只是句話，而是我們在佳興成長營，一直教、一直落實的信念。

成長不是要你變得更好，而是讓你活得更真。

當你開始誠實面對情緒，允許自己承認需求、不完美、也會累，你才有機會重新與自己和解，建立新的選擇、新的能量狀態。

惠芳的轉變，從來不是因為她學會了什麼「道理」，而是因為她真心願意為自己負責，把課堂上的學習落實在生活裡，不只是懂，更是去做、去愛、去面對、去療癒。

我為她感到驕傲。

身為她的師父，我知道她不是要寫一本「教別人」的書，而是想寫一本可以陪**伴每位女人「走回自己」的書**。

如果妳此刻正站在人生的迷路口，如果妳也曾懷疑自己是不是不夠好、不值得被愛，那我想，這本書會像一封寫給妳的信，提醒妳：

妳，真的值得一〇〇分的幸福。

因為妳本來就夠好，只是還沒看見。
願妳讀完這本書，開始選擇真正把自己放在心上。

序言

為自己，種下一〇〇分幸福的種子

親愛的妳，

歡迎來到這趟屬於妳自己的幸福旅程。

這本書的誕生，源自於一個深深的信念——

每一個人，天生都擁有創造幸福的無限潛能。只是，這份力量，在過去可能被遺忘、被掩蓋、或被懷疑了。就像一顆沉睡的種子，靜靜地等待著，等待有人溫柔喚醒它，給它陽光、給它滋養，然後，讓它在自己的節奏裡綻放。

我相信，妳也有這樣的力量。

我相信，妳值得擁有一個充滿愛、自由、喜悅與豐盛的世界。

只是，光靠努力還不夠。因為真正決定我們人生走向的，從來不是表面的意識，而是內在深處的潛意識。

潛意識的力量，是意識的三萬倍。

如果妳的潛意識裡還藏著「我不夠好」、「幸福很難」、「愛會離開我」的劇本，那麼，即使妳再努力，也很難真正踏進幸福的花園。

所以，這本書，將陪伴妳一步一步走回內在，喚醒潛意識的力量，讓妳真正成為自己人生的創造者。

什麼是一〇〇分的幸福？

在我心中，一〇〇分的幸福，不是來自外在擁有多少，而是內心深處，一種穩定、自在、喜悅的狀態。一〇〇分的幸福，包含三個重要的領域：

- 擁有理想的伴侶——一個能懂妳、支持妳，並與妳共同成長的人
- 創造親密又自在的好關係——讓愛流動、讓彼此成為彼此最溫柔的力量
- 做靈魂熱愛的事——每天醒來，因為正在活出真正的自己而感到快樂

而這一切的根源，來自於潛意識的轉化。當妳的內在真正相信自己值得愛、值得幸福、值得成功，妳的人生，會自然綻放妳靈魂想要的花朵。

SEED幸福成長系統

SEED代表四個階段，帶領妳從內在覺醒到外在綻放：

- **S—Subconscious　潛意識對齊：**幸福的根，藏在妳沒察覺的潛意識裡。這一步，我們會帶妳溫柔地走進內在世界，看見那些悄悄主導人生的舊信念，學會與潛意識合作，而不是對抗，讓妳從內在開始翻轉命運。
- **E—Eye to See　有所覺察：**妳的情緒與選擇，其實都來自內在的劇本。這一步，我們會幫妳培養覺察力，看見那些曾經被忽略的訊號，理解情緒背後的語言，重新認識真正的自己。
- **E—Empowered Seed　播種幸福種子：**幸福不是偶然，而是每天一%的選擇累積。這一步，我們會陪妳透過簡單而深刻的行動，種下新的信念與故事，讓潛意識開始相信：「我是值得的」。
- **D—Dream Alignment　對準幸福願景：**潛意識只能追隨妳聚焦的方向。這一步，我們將引導妳轉移注意力，從恐懼與匱乏轉向愛與渴望，對準那個妳真正想成為的自己，讓幸福成為自然的吸引力。

這趟旅程將引領妳展開五段蛻變與綻放的探索之旅，一步步種下幸福的種子，灌溉、滋養、開花、結果，直到妳真正活出屬於自己的一〇〇分幸福人生。

如何使用這本書

這本書分成五個階段，每一部，都對應著SEED幸福成長系統中的一個成長環節。

妳可以按照順序閱讀，也可以依照自己當下最需要的部分開始探索。

重要的是，請把每一個章節，當成一次與自己深深對話的機會。

請溫柔地走完每一個步驟，相信每一次種下、每一次行動、每一次相信，都將為妳開啟一個更幸福、更自由的自己。

這不只是一本書，這是一個承諾

這是妳給自己的承諾——

願意停下來，聆聽自己，理解自己，愛自己；願意相信，妳有能力改寫自己的愛情故事、人生劇本與靈魂藍圖。

妳不需要成為別人期待的樣子，只要一步一步走回真正的自己。

當妳選擇愛自己，整個宇宙都會為妳讓路。

謝謝妳願意展開這趟旅程。未來的每一頁，都是妳幸福人生的新篇章。

讓我們，一起出發。

給妳的一封信

親愛的妳，

無論妳此刻在人生的哪個階段，請記得，妳一直都擁有重新出發的力量。

這本書，會陪妳一步步找回自己，

找回那個曾經相信幸福、渴望被愛、也渴望成就自己的妳。

謝謝妳願意相信自己，願意相信愛。

我會在每一頁文字裡，陪妳走過，陪妳綻放。

我們，一起迎接屬於妳的一〇〇分幸福人生。

目次

推薦序

序言

前言

第一部

第二部

第三部

前言
一〇〇分幸福，從妳開始

親愛的妳，

妳是否也曾在心底問過自己：「我真的值得幸福嗎？」

這個問題，我從十二歲就開始問了。

那年，我原本應該無憂無慮地奔跑在放學的午後陽光下，卻在回家的那一刻，看見一個陌生叔叔站在爸爸面前，大聲咆哮：「你到底什麼時候要還錢？」

那是我第一次，看見爸爸厚實的臂膀顫抖了。

我呆站在門外，心裡慌亂不已，不知道該怎麼辦。原本應該衝過去擁抱他的我，卻轉身逃開了。我跑到同學家，抱著她痛哭，嘴裡一遍遍地說著：「我不知道怎麼幫爸爸……」

後來，爸爸默默地把我們送回鄉下給爺爺奶奶照顧，自己獨自面對一切。

半年後，我站在高雄殯儀館的冰櫃前，看著躺在裡頭冰冷的爸爸，才終於敢對他說話──「爸爸，對不起……如果那時我能拍拍你、抱抱你，也許你就不會選擇離開了……」

那一天，是我人生中最痛苦的日子。

但它也成了我覺醒與轉化的起點。

從那一刻起，我在潛意識深處埋下了一個願望：我要找到幸福的答案。

我無法掌控生命的長短，但我願意選擇——活出生命的深度。

那份從「愧疚與無能為力」轉化為「我想為愛做點什麼」的力量，推動我踏上了療癒與創造的旅程。

我曾經歷長達十五年的愛情挫敗，總是在「我喜歡的人不喜歡我，喜歡我的人我卻想逃」的劇情中打轉，痛過、哭過、懷疑過……

但我沒有放棄。

我學習心理學、NLP、NAC，整合出一套我稱為SEED的自動幸福系統，從潛意識改寫出一個全新的我。

於是，在三十九歲那年，我遇見小我十二歲的靈魂伴侶，一〇〇天內決定結婚，攜手走過十五年，至今仍然每天擁抱入睡、話題不斷，就像最好的朋友。

幸福不是偶然的運氣，而是一場深層的「內在設定」的覺醒。

我的學生中有一位知名網紅丹妮婊姐，她從小懼怕婚姻，一場諮詢讓她改寫了二十年的恐婚潛意識，並於二〇二三年十二月與所愛之人結婚；也有數百位曾覺得自己「不可能脫單」的男女，在短短一〇〇天內重新啟動吸引力，迎來愛情與人生的轉折。

我看見太多的重演——童年家庭中的劇本，不知不覺地複製進我們的關係中。

有個案結婚二十年，丈夫從未給家用；探究後發現，她的父親也是如此。媽媽到現在八十幾歲了都還在工作。她的潛意識雖痛恨這樣的爸爸，卻同時將「女人只能靠自己」這樣的角色深深植入內在——而焦點在哪裡，吸引力就在哪裡。

潛意識不分對錯，它只記錄妳專注的能量。

就像一台照相機，妳把鏡頭對準哪裡，潛意識就替妳留下那個畫面。

所以，她再次吸引了同樣的劇本，演出了和媽媽一樣的劇碼。

與其逃避不想要的，不如勇敢設計妳想要的幸福。

我在數千個故事中見證：只要打斷舊有信念，植入新的內在畫面，幸福可以在一瞬間改寫。

那位太太在改寫信念後，兩個月內竟收到丈夫主動交出的家用！

幸福，不是命中註定的運氣，而是一種可以練習、可以設計、可以創造的能力。這本書，就是一把鑰匙，要幫助妳打開那道潛意識的門，重新編寫屬於妳的幸福劇本。

妳將學會如何覺察內在信念、療癒內在小孩、啟動吸引力，並在愛情、親密關係與事業中，活出妳靈魂真正渴望的樣子。

因為幸福不是完美的人生，而是妳開始相信：「我就是值得，值得被愛，值得被理解，值得一〇〇分的幸福。」

這本書，不是一場理性知識的堆疊，而是一段妳與自己靈魂對話的旅程。

深吸一口氣，妳準備好了嗎？

讓我們一起，走向那個妳本來就值得擁有的幸福世界。

幸福種子的插畫語

在妳閱讀完第一章之前，請妳靜靜看著下面這幅畫——一株雙色的四葉幸運草，像心形的葉片，也像蛻變中的蝴蝶。

它代表著妳的內在：愛、希望、蛻變與綻放。

每個女人的生命裡，都藏有一對尚未展開的翅膀。

當妳開始相信，幸福就不再是遙不可及的奇蹟，而是隨著妳的覺醒與練習，悄悄降臨的自然綻放。

相信自己，幸福就會如蝴蝶般悄悄飛來。

愛情、關係、夢想……都將因妳的轉化，變得柔軟而美麗。

這幅畫，是這趟旅程的起點，也是一份內在信物。

請妳收下，並對自己說一聲：

「我，願意打開幸福的翅膀。」

HAPPY100

第一部
潛意識：幸福人生的隱形編劇

在開始第一部之前，我想和妳分享一個重要的秘密：

潛意識，就是妳生命中那位無形的編劇。

每一個信念、每一段故事，都像一頁頁劇本，悄悄地寫進了妳的人生藍圖。

妳相信「我值得被愛」，潛意識就為妳創造出溫柔珍惜的情境；妳相信「我不夠好」，潛意識就編寫出懷疑與孤單的場景。

潛意識不分對錯，它只會忠實地演繹妳所相信的故事。日復一日，這些故事累積成習慣，最終，成為妳今天所經歷的人生現實。

創造法則告訴我們：「內在相信什麼，外在就會創造出什麼。」

所以，這一部，我們將一起走進內在的劇場，溫柔地覺察那些早已寫下的潛意識劇本，拔除那些不再適合的情節，重新改寫，種下屬於妳靈魂真正渴望的新劇本。

每一次小小的覺察，每一次新的信念種下，都將為妳的人生開啟新的篇章，讓幸福，不只是偶然的驚喜，而是每天醒來都能觸摸得到的溫暖日常。

準備好了嗎？

讓我們一起，翻開屬於妳的一〇〇分幸福劇本第一章。

第一章

妳的潛意識，決定妳的幸福上限

小時候的妳，有過夢想嗎？

從小到大，我一直是一個喜歡做夢的孩子。特別是從十二歲那年，爸爸過世之後，我更深刻體會到：生命是有限的。於是心中有個聲音悄悄地說——

我要好好活著，活出一個值得回憶的人生。

那時的我，家境清寒。在學校領補助，國中畢旅差點無法成行；想學鋼琴，卻沒有資源；考上嘉義女中時，奶奶還說：「女孩子唸那麼多書幹什麼？去工作比較實在。」

現實，好像總是與夢想背道而馳。但即使如此，我從沒讓自己的心變得貧乏。

反正想像不用錢，也沒人能限制我的想像力。我在腦海裡，一遍又一遍，畫出自己的夢想藍圖：

- 遇見一個愛我、溫暖又真誠的靈魂伴侶
- 成為廣播節目主持人，用聲音陪伴人心
- 成為作家與講師，與世界靈魂交流、彼此啟發

・一邊旅居世界，一邊做著自己熱愛的工作，讓財富自由流動……

這些畫面，在當時只是小女孩心中微光閃閃的夢。但我用心去感受，用潛意識去擁抱這些未來的自己。

而神奇的是，這一切真的一點一滴在我的人生中發生了。

我的幸福藍圖，從潛意識開始發芽

現在的我，已經錄製超過八百集Podcast節目【小紀老師的幸福學】，每天用十分鐘，陪伴世界各地的聽眾「幸福溝通好輕鬆」。

我遇見了靈魂伴侶，一位小我十二歲的先生，他每天像啄木鳥一樣親吻我的額頭，像呵護小女孩那樣，用滿滿的愛包圍著我。

我也找到了人生的使命：透過一對一諮詢與線上課程，支持超過十個國家的學員，在一〇〇天內脫離情感困境，重新設計出屬於自己的幸福人生。

這一切，看似是奇蹟，但其實，是我從小就透過潛意識，一步一步「種出來」的。

如果連我這樣一個出身平凡的小女孩都能做到，妳一定也可以。

每個人都擁有這樣的力量。只要妳願意學會打開那盞潛意識的阿拉丁神燈，幸福的旅程，早已在等著妳出發。

這一章，我們要一起找到那把關鍵鑰匙，重新走進妳內在設定的源頭，定義妳值得擁有的幸福上限。

潛意識，決定妳的幸福上限

人生的結果，往往不是「努力不夠」，而是「內在設定」的問題。可以想像，我們的心，就像一座巨大的冰山：

冰山上面（妳能說出口的想法與行動）——是顯意識，只佔五%。

冰山下面（妳沒察覺的信念、情緒與記憶）——是潛意識，佔了九十五%。

如果妳的潛意識相信：

- 我是沒人要的
- 幸福不屬於我
- 我要很努力才值得被愛

那麼，即使表面上努力學習、經營關係、追求財富，潛意識也會自動導航，讓妳走向符合舊劇本的現實。

潛意識，不分對錯，只會忠實地吸引那些與妳內在「共振」的畫面。所以，同樣一個人，若內在設定不同，會活出完全不同的人生故事。

真實故事：當幸福卡住，是潛意識在作祟

有一位我的學員，小學時就立志要變美。因為從幼稚園開始，媽媽經常無心地對她說：「妳又醜又胖。」

這句話，就像一把無形的刀，深深刻進了她的潛意識。從十六歲開始，她投入醫美，整形、微調、修正，花了近四百萬元，只為了改變自己的外貌。

她變得越來越漂亮，但在愛情中，卻總是吸引來不珍惜她的男孩——劈腿、不尊重、忽冷忽熱。

她痛苦地問我：「是不是我還不夠美，所以吸引不到真正愛我的人？」

但事實是——

外表可以改變，潛意識不改變，人生劇本依然重複。

因為她內在始終相信：「我是不夠好的，我不值得被真心愛著。」直到她透過課程改寫潛意識，從根本重新看待自己，才在三個月後，吸引來一位穩定、真誠、溫柔呵護她的伴侶。

她終於明白：

真正的蛻變，不是外在多完美，

而是潛意識裡，那個聲音的轉變。

從「我不夠好」，轉向「我值得被深深愛著」。

章末整理

- 潛意識＝自動導航設定值：妳怎麼看自己，就吸引什麼樣的人生。
- 焦點在哪裡，能量就流向哪裡：潛意識只記錄「妳常想的畫面」。
- 允許值＝幸福上限：妳內在允許多少幸福，人生就打開多少空間。

幸福練習區：看見妳的潛意識上限

請找一個安靜的時刻，讓自己與自己真誠地對話。記得：

這不是對錯的檢查，而是一次溫柔的自我探索。

深呼吸三次，閉上眼睛，然後感受並回答：

練習一：我潛意識中相信什麼？

接續下列句子，寫下第一直覺浮現的內容：

- 我覺得我是一個——的人。

- 我覺得愛情對我來說是＿＿＿＿。
- 我覺得我在工作上＿＿＿＿。
- 我覺得我值得擁有的幸福是＿＿＿＿。

練習二：我的幸福上限是什麼？

回想，妳是否曾有過：

- 愛得太深時感到害怕
- 遇到好事時懷疑「是不是太幸運」
- 面對突破成就時感到焦慮或內疚
- 很難自在接受讚美、幫助或愛

這些感受，或許都指向——妳的幸福上限。請寫下妳覺得自己在愛情、關係、財富上的「天花板」是什麼。

練習三：我想改寫的幸福畫面是……

閉上眼睛，用心畫一幅屬於自己的幸福畫面：

- 醒來時的心情？
- 愛人的樣貌與陪伴？
- 工作與熱情如何交融？
- 妳散發出什麼樣的能量？

接著，寫下新的幸福信念：

- 我願意開始相信：＿＿＿＿。
- 我值得：＿＿＿＿。
- 從今天起，我選擇：＿＿＿＿。

每天輕輕地讀一次這些信念，妳的潛意識，會悄悄開始重寫新的劇本。

第二章

潛意識的力量：讓妳的人生從彈指之間開始改變

每個人心中，都藏著一盞神奇的阿拉丁神燈。當妳輕輕地呼喚，溫柔地相信，燈裡的精靈就會醒來，悄悄為妳實現最深的願望。

這位精靈，就是妳的潛意識。

潛意識就是阿拉丁神燈的精靈，只要妳學會如何召喚，它就能啟動人生中三萬倍的力量，讓改變像彈指之間般悄然展開。

過去十年，我親眼見證超過千位學員的轉變。從一個又一個看似不可能的起點，不管是遇到外遇，還是關係瀕臨破裂，或是對自己缺乏自信的長期痛苦，都能在一〇〇天內轉為幸福、美滿、豐盛的結果，每一次蛻變，都印證了潛意識的強大、精準與神奇。

很多人會問：潛意識真的這麼厲害嗎？這並不是空泛的玄學，而是有科學根據的事實。腦神經科學與心理學早已證實：每個人都擁有巨大的潛能，而潛意識，正是這股潛能的源泉。

二〇二二年，諾貝爾物理學獎頒給了三位物理學家——他們的實驗證實了「量子糾纏」的存在。即使兩個粒子相隔千里，只要曾經連結，就能瞬間影響彼此。

這也揭示了：我們的意念，其實與現實有著神奇的共振連結。當妳相信幸福，幸福便會被召喚。當妳相信自己值得，生命就會為妳鋪展新的道路。

我曾協助一位個案小芳。

她從小就大小病不斷，身體像被困在無止盡的生病輪迴裡。她以為自己只是遺傳體質不好，直到我們深入探索潛意識，她才發現另一個真相。

小時候，她與外公外婆同住。每當外婆生病，家人親戚便會紛紛探望、送補品、關心照顧。在幼小的心靈裡，她悄悄地學會了一個隱形規則：「生病，才能被愛。」

這樣的信念，像一顆無聲的種子，埋進了她的潛意識。即使長大後理智上想健康，潛意識仍默默創造著「生病＝被愛」的現實。

潛意識，不分對錯，只會忠實實現妳最深層的信念

潛意識最活躍的時期，是人生的〇到三歲。那時的我們無法分辨好壞對錯，所有重複發生的事情，都會被默默收錄，變成未來自動導航的程式。

潛意識的寫入方式有三個關鍵：重複、連結與情緒。

就像小時候反覆聽到「這是紅色」，便自然內化寫入潛意識。然而有些情況下並不需要重複，只要有強烈的情緒，一次就能寫入潛意識。像我曾諮詢過的一位客戶，當別人大聲講話時她就會莫名恐懼，對此非常困擾。透過諮詢，找到她在五歲時目睹父母吵架。當時生氣的父親聽到她的哭聲，無法控制地拿起身邊的鬧鐘朝這個小女孩丟過去，雖然沒有打中她，可是卻造成了強烈的恐懼感。所以在日後只要遇到類似的狀況，潛意識就會回到當時的情緒。

正如約瑟夫・墨菲在《潛意識的力量》中所說：「潛意識就像一片肥沃的田地，無論播下恐懼還是希望，它都會努力讓那個種子開花結果。」

潛意識不會分辨妳是開玩笑還是真心。

只要妳重複地想、強烈地感受，它就默默記錄下來，並努力把妳的信念變成現實。

所以，學會溫柔地對話、覺察自己每天種下的是什麼種子，就是重新掌握幸福人生的起點。

在我們的腦中，有三位角色同時共舞：

生存腦（潛意識）：默默在背後串聯一切，自動調用記憶，主導行為反應。

情緒腦（邊緣系統）：負責快速反應與本能防禦。

理智腦（前額葉皮質）：主管邏輯分析與決策規劃。

大腦的發育順序其實藏著很大的玄機。最早發育成熟的是**生存腦**，負責掌管呼吸、心跳等基本生命功能；接著是**情緒腦**，主導情感與幸福感；最後，才輪到**理智腦**，也就是負責分析、推理的新皮質區。

換句話說，當情緒腦開始發育時，我們還沒有邏輯推理的能力，只有單純的感受與直覺反應。這個階段，情緒腦便開始與生存腦（潛意識）對話、說故事。

舉個例子，小時候如果媽媽對你說：「你要乖，媽媽才喜歡你；不乖就送你去給警察叔叔。」情緒腦聽見的，不是邏輯推理，而是感受到了「害怕被丟下」的情緒。這份恐懼，被直接傳遞給生存腦。潛意識於是寫下了這樣的故事版本：**「只要乖、滿足別人的要求，才能被留下、才能被愛。」**

這個早期被刻寫下來的信念，就成了潛意識中自動運作的程式。即使後來理智腦逐漸發育，我們學會了新的知識、接觸了不同的觀念，但在面對選擇時，**情緒腦依然可以輕易戰勝理智腦**。於是，我們往往還是會不由自主地，依循著原本的潛意識定義行動，只為了避免那個曾經害怕失去愛的情境再次發生。

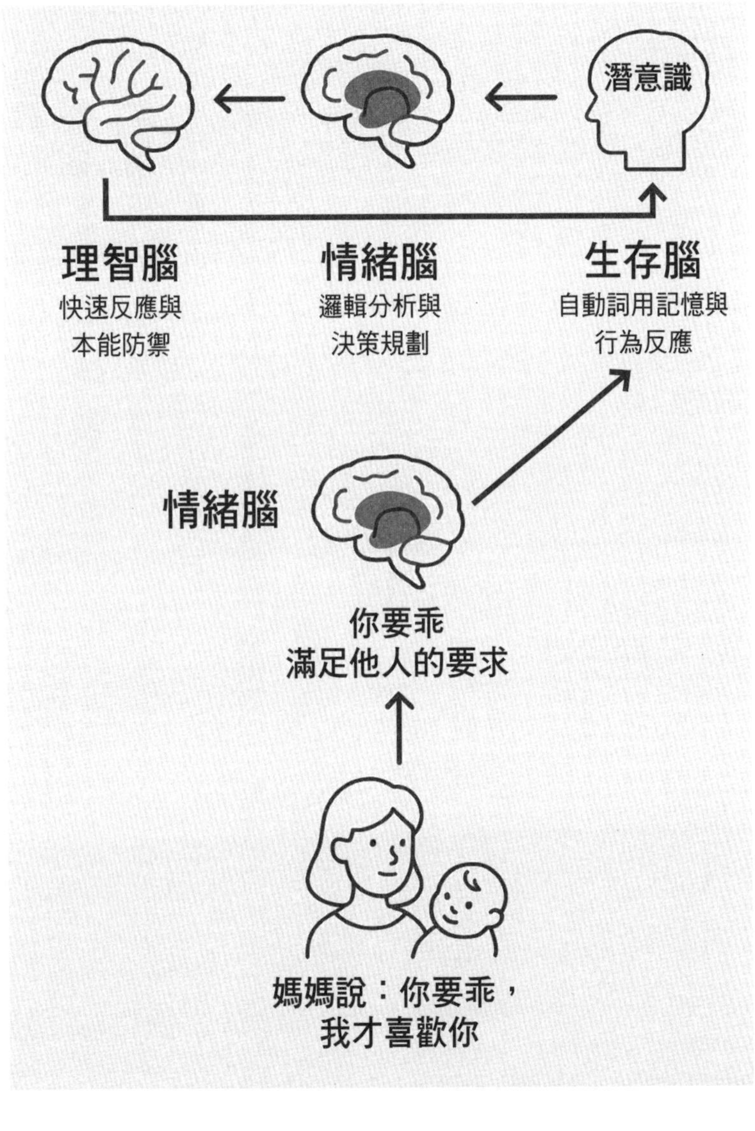
潛意識
理智腦
快速反應與
本能防禦
情緒腦
邏輯分析與
決策規劃
生存腦
自動詞用記憶與
行為反應
情緒腦
你要乖
滿足他人的要求
媽媽說：你要乖，
我才喜歡你

小提醒：

妳的潛意識，一直都在默默為妳工作。

當妳選擇以愛、希望、信任來引導它，潛意識就會成為妳最強大的盟友，幫助妳創造屬於自己的一〇〇分幸福人生。

接下來，我們會一起揭開更多潛意識的幸福秘密，學會如何溫柔地重寫內在劇本，一步步走向妳靈魂真正渴望的人生藍圖。

第三章
潛意識如何影響妳的愛情、關係與財富？

妳有沒有曾經懷疑過，為什麼自己總是吸引到相似的人？明明告訴過自己：「這一次要不一樣了。」但故事卻總不自覺地，走回了熟悉的情節裡。也許，這不是妳的錯。而是，妳的潛意識還在默默守護著那些曾經熟悉的劇本。

在愛情裡，有些人總是不被珍惜；有人一再被背叛；有人總是吸引到需要被拯救的人。妳以為這是運氣不好，或是眼光太差，但其實，這一切背後，有一個更深層的答案：潛意識劇本。

就像電影有劇本、舞台有腳本，妳的人生也有一套潛藏的設定，只是妳未曾察覺。潛意識不是偶爾發生作用，而是時時刻刻都在發送指令，吸引「對應的人」與「熟悉的模式」進入妳的生命。

潛意識會問：「這熟不熟悉？這是不是我們經歷過的？」

只要妳童年曾經歷某種愛的形式，即使那是不健康的、忽冷忽熱的，潛意識也會認定：「這是愛」，並開始不斷複製這樣的關係來證明它是對的。

妳可能經常說：「我不是早就說過，我不要像爸爸媽媽那樣的感情啊！」

但為什麼自己老是遇到類似的人或是上演著和他們很像的劇情呢？

因為潛意識不是聽妳說什麼，而是根據妳「內在專注什麼」來導航。當妳想著我不要變得像爸爸媽媽一樣，有沒有發現腦中出現的圖像就是爸媽互動的場景。這個狀況，不只出現在感情中，也出現在人際互動、金錢關係與職場裡。

童年經驗與愛、關係、財富：潛意識的第一頁早已寫好

我們以為自己在做選擇，其實，潛意識早已悄悄寫好了劇本。

每一段感情、每一段關係、甚至與金錢的互動，都是童年情緒記憶的延伸，是潛意識對「熟悉感」的回應。

潛意識不會判別好壞，它只會根據過去最熟悉的情緒頻率，自動導航人生的方向。

愛情、關係與財富，都是潛意識投射出來的生命劇場。

小彤的故事：從原生家庭複製到愛情悲劇

小彤在一個充滿爭吵與暴躁情緒的家庭中長大，心裡暗暗告訴自己：「長大後，絕不要過著吵吵鬧鬧的婚姻生活。」

然而，**越是討厭越容易吸引**。

因為討厭本身，就是一種強烈的情緒連結，潛意識不懂拒絕，它只認得「熟悉」。

於是，在她努力逃離原生家庭的過程中，卻不知不覺吸引了同樣頻率的人，再次走進了相似的悲劇。

潛意識鎖定的，從來不是我們想逃離的東西，而是我們曾經熟悉的感覺。

重新改寫，打開全新的幸福劇情

在我的引導下，小彤開始重新定義「愛」的模樣：

很簡單，仔細觀察妳生活中那些一再重複出現的情境與情緒，答案就藏在其中。例如：

- 是否經常感覺被忽略？
- 是否總是為別人付出，卻得不到對等的回應？
- 是否在人際關係中，總是小心翼翼，不敢坦然表達自己？

這些反覆出現的感受，就是潛意識早已設定好的劇本。

找到關鍵畫面，啟動新劇本

試著問問自己：**「我最早有這種情緒的時候，大約是幾歲？那時候發生了什麼事？」**

每一個潛意識信念的背後，都藏著一個「關鍵畫面」。這個畫面，是幼小的自己，在有限的理解與情緒中，替自己下的一個定義。

如果想真正改變人生劇本，就必須找到這個關鍵畫面，重新賦予它新的詮釋與意義，並且讓潛意識相信新的定義。

唯有如此，潛意識才會啟動新的程式，帶領妳做出不同的選擇，走向嶄新的結果。否則，即使理智知道該改變，潛意識仍會依循著舊有設定，推動妳重演同樣的故事。

潛意識天生渴望熟悉感，哪怕那份熟悉是不幸福的，也會讓人不自覺地走回「熟悉但痛苦」的老路。

唯有覺察，找到關鍵，重新改寫，妳才能真正自由，活出新的幸福人生。

章末整理

原生家庭是起點，不是終點。妳無法選擇自己出生在哪個家庭，但妳可以選擇，從現在開始，創造屬於自己全新的原生家庭。

人生不是被外在命運決定，而是由內在潛意識劇本所引導。

改變的第一步，就是願意看見。當妳開始覺察，幸福就已經悄悄啟程。

本章金句

「妳以為妳在選擇愛的人，其實是潛意識在選擇熟悉的劇情。」

「潛意識不改寫，愛情只會重播。」

行動練習：探索妳的潛意識愛情劇本

第一步：寫下最近一段感情中最常出現的情緒。

第二步：問自己：「這個情緒，我童年時有經歷過嗎？來自誰？」

第三步：觀察自己對這個情緒的定義。

第四步：寫下一個新的定義。

第五步：每天練習把新定義輸入潛意識。

下一章我們會幫助妳了解可以如何調整潛意識。

關鍵畫面改寫練習

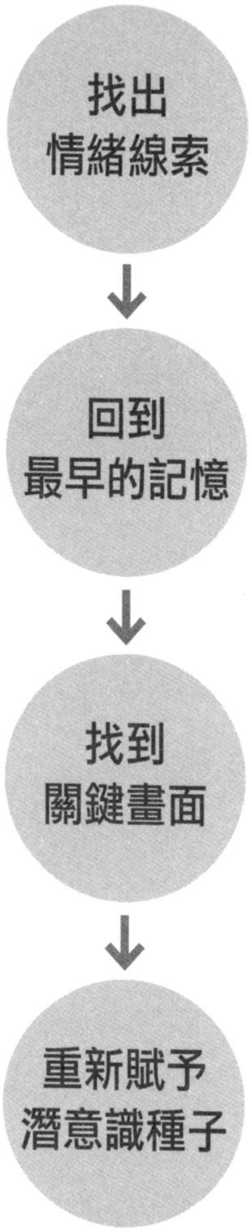
找出
情緒線索
回到
最早的記憶
找到
關鍵畫面
重新賦予
潛意識種子

第四章

改寫潛意識，讓幸福成為妳的預設選項

有時候，妳是不是也覺得奇怪？明明努力微笑，努力付出，努力想要過得更好，可是，幸福卻像迷了路一樣，總是不小心又走丟了。

妳並不孤單。

很多時候，不是妳不夠努力，而是潛意識裡，有一個舊的導航系統，正默默把妳帶回那條熟悉卻痛苦的老路。

如果妳內在相信「我不夠好」，妳可能會吸引來不尊重妳的人；如果妳相信「幸福終究會失去」，妳可能會在關係中不斷測試對方；如果妳相信「我不值得被愛」，妳可能會用盡全力付出，卻依然感到孤單。

這些信念，不是妳理性想出來的。它們，是妳從小累積在潛意識裡，默默形塑出來的生命劇本。

但好消息是——潛意識是可以改寫的。就像電腦作業系統可以升級，妳的幸福程式，也能重新設定，讓幸福，不再是偶然的驚喜，而是每天醒來時，預設的日常。

小美的故事

小美來找我時，已經六十歲了。剛結束一段三十年的婚姻，一段充滿家暴與壓抑的關係。

她小心翼翼地問我：「老師，我還能幸福嗎？」

那一刻我真的很心疼，馬上堅定的回答她：當然可以。無論幾歲，每個人都值得幸福。

在和小美的對談中我發現，她在五歲那年，因為一個事件的發生，加上家人總是負面責備她。那個受傷的小女孩，悄悄在心裡刻下了一句話：「我不夠好，不值得被愛。」

這句話，成了她人生的潛意識設定。於是，她在成年後，吸引來了傷害她的人，並一邊忍耐，一邊默默用盡全力把孩子拉拔長大。

直到孩子長大，他們反過來鼓勵媽媽：「媽媽，妳值得過更好的生活。」

於是，小美勇敢地離開了家暴的婚姻，帶著滿身的傷，踏上尋找幸福的旅程。

在諮詢中，我並不是只是帶著小美說「我值得被愛」、「我值得幸福」而已。因為單靠口頭肯定，很容易停留在意識層面，真正受傷的潛意識，往往無法因此真正被改寫。

要真正改變，必須深入潛意識，找到當年寫下舊程式的關鍵畫面，並且在那個畫面中，讓受傷的內在小孩重新相信新的定義。

這個過程，需要跨越慣性思維的阻礙，找到那個潛藏已久、自己單靠意識層面不容易察覺的「情緒根源」。

在引導小美的過程中，我運用了Happy一〇〇潛意識改寫模型，透過系統化的方法，溫柔而深度地協助她**打掉原有的痛苦程式**，並在關鍵畫面中**植入新的幸福設定**。

當五歲的小美，在內在畫面裡真正相信了「我值得被愛」、「我值得幸福」，潛意識才真正完成了重寫。從那一刻開始，小美的人生，也悄悄開啟了全新的篇章。

不到一〇〇天，她遇見了現在的先生，一位溫柔體貼、全心全意愛著她的人。現在四年過去了，他們依然每天像熱戀中的戀人。

小美用她的故事告訴我們：幸福，從來不嫌晚。只要妳願意重新相信，潛意識就能帶妳走向全新的幸福人生。

打破「限制性信念」，改變妳的幸福程式

限制性信念，是潛意識裡最隱形卻最有力的絆腳石。它像作業系統裡偷偷跑的背景程式，默默決定著妳的人生選擇。這些信念，往往來自童年經驗、成長環境，或者社會灌輸。

例如：

- 愛會帶來痛苦。
- 有錢人都不快樂。
- 我不夠好，所以沒人會真心愛我。
- 女人必須委屈求全，才有家的歸屬感。

這些話，若被潛意識內化成「真理」，在關鍵時刻，妳可能會自我懷疑、退縮，甚至在幸福即將到來時，無意識地自我破壞（sabotaging）。

改變的第一步，就是讓這些信念被「看見」。因為，妳不能改寫妳從未意識到的設定。

二十一天改寫潛意識計畫：溫柔升級妳的幸福系統

改寫潛意識，不是靠一次激勵就能完成，而是像培養一片花園——每天澆水、除草、曬太陽，溫柔而堅定地，滋養出新的信念。

這裡有一個簡單的二十一天改寫計畫，妳不需要完美，只要每天一點點，幸福就會悄悄發芽。

第一週：覺察週——看見限制性信念

每天記錄一個讓妳覺得「我不夠好」或「不被愛」的時刻，並寫下內心對話。

溫柔地問自己：「這句話是真的嗎？是誰教我的？我還需要繼續相信它嗎？」

第二週：釋放週——放下不再適合的信念

寫下妳想要釋放的信念。例如：「愛是痛苦的」、「我不值得被重視」。

想像妳把它們寫在氣球上，然後放手讓它們飛向天空。

第三週：植入週——替換新信念

每天練習一句新的肯定句，例如：「我值得被愛」、「我現在允許幸福流入我的人生」。

對著鏡子，溫柔地看著自己，深呼吸，輕聲說三遍。

小提醒：這不是一場速成賽跑，而是一場與自己溫柔和好的深度旅行。

行動挑戰：寫下「我值得一〇〇分的幸福」的十個理由

最後，請準備一張紙，寫下：

「我值得一〇〇分的幸福，因為……」

並完成十個理由。舉例：

- 因為我已經走過很多痛苦，值得擁有快樂。
- 因為我是一個懂得愛的人，也值得被愛。
- 因為我願意為自己努力，願意成長。

完成後，請大聲讀出來，讓潛意識聽見，讓新的幸福種子，開始在心中萌芽。

最後，對自己微笑，輕聲說一句：「我願意相信，我值得。」

第二部
妳的內在，就是愛情的種子田

在愛裡，我們常以為需要去「找到對的人」，卻忽略了真正重要的是——妳「成為誰」。

這一部，我想帶妳走進愛情的種子田。

第五到第八章，講述的是一場由內而外的深度轉化旅程：從看見內心的愛情劇本、開始描繪愛的藍圖、勇敢切斷舊信念的枷鎖，到最終學會種下愛的種子、收穫自己想要的關係。

這不只是一段修復愛情的過程，更是妳成為幸福創造者的起點。

第五章：看見妳的愛情「舊劇本」

在第五章，我們邀請妳勇敢回望過去，去看見那些不斷重演的愛情模式——不是因為妳不夠好，而是妳潛意識裡的「信念種子」在默默開花。

就像小薇的故事，當她內心相信「只有變美才值得被愛」，她便吸引來只看外表、無法珍惜她本質的男人。愛的問題，其實不是出在妳做錯什麼，而是妳種下了什麼信念。

種子提醒：妳的信念，就是妳吸引來的愛的樣子。

第六章：為愛畫出妳的設計藍圖

第五章讓妳看見劇本，第六章則幫妳開始設計新的愛。

香香公主的故事提醒我們：潛意識不懂「不要」，它只聽得懂頻率與畫面。當我們學會用「想要的感覺」去寫清單，而不是用「不想要的經驗」去回避，我們的愛情地圖就開始產生導航的功能。

從「不要暴躁」到「我渴望溫柔的陪伴」——這個轉換，就是從受害者成為創造者的第一步。

種子提醒：清單不是限制別人，而是召喚一種對頻的感覺。

第七章：打破舊信念，為新愛讓路

第七章帶妳深入信念的源頭，去理解那些「三個月魔咒」和「反覆心碎」的背後，其實是童年未被療癒的傷在作祟。

當我們還在演媽媽的劇本、還在重複爸爸的情緒時，我們的舞台永遠不會換劇本。

但只要妳願意切斷那條舊有的劇情線，妳就能開始創作屬於自己的新愛情故事。

種子提醒：放下過去，才有空間讓新的愛靠近。

第八章：愛的種子法則，妳想收成什麼就先種下什麼

第二部的高潮，來到第八章。

妳將學會：愛情從來不是靠等待，而是靠「有意識的耕耘」。

妳想要被珍惜，就從每天開始練習珍惜自己與他人；妳想要被讚美，就先

學會對生活說出感謝。因為每一個小小的行為，都是妳對宇宙說：「我準備好了，請把那個對的人送到我身邊。」

咖啡冥想，是澆水；日常練習，是施肥。而妳的每一個選擇，就是愛的種子。

種子提醒：與其尋找理想伴侶，不如先成為那個值得被愛的人。

結語：這一部，是一場深植幸福的練習

親愛的妳，第二部不是告訴妳「如何擁有一段關係」，而是引導妳「如何重新選擇自己內在的種子」，讓妳從根本開始培養出愛的磁場。

因為當妳的內在變了，世界就會為妳轉動。這不只是一段關係的顯化，更是一場靈魂的覺醒。

請記得，愛不是命運的施捨，而是妳的潛意識信念所種下的果實。從今天起，妳不再等待愛，妳，是那個讓愛綻放的園丁。

第五章

妳內心的劇本，決定妳遇見怎樣的愛

為什麼總是遇不到對的人？

「不是我不想愛人，是我真的太害怕再受傷了。」

「我已經那麼努力了，為什麼還是換不到一個懂得珍惜我的人？」

這些話，我在過去的諮詢中聽過無數次。每一個說著這樣話的女人，眼神裡都藏著疲憊、渴望，還有一種不敢再相信自己可以幸福的心痛。

有時候，對象換了，場景也換了，但愛情的劇情，卻幾乎如出一轍——就像生命在一段看不見的指令裡，不斷複製同一齣戲。

這一章，我想帶妳看見：

這些愛情裡的重複，並不是因為妳不夠好，而是因為妳內心深處有一個「劇本」，正在悄悄決定妳吸引來怎樣的伴侶，也影響著妳在關係中扮演的角色。

想要改變愛情的命運，妳必須先看見，並且改寫，這份藏在潛意識裡的劇本。

故事一：她花了幾百萬變美，卻總是吸引爛桃花

在愛情的迴圈裡，妳是否總在「重播同一部電影」？

深夜的咖啡廳裡，小薇盯著手機螢幕上男友傳來的「已讀不回」，手指無意識地捏緊杯耳。這已經是她第三任男友，用同樣的冷暴力，逼她開口提出分手。

她低頭看著自己精心保養的指甲，鏡面桌緣倒映出精緻的側臉——這是她花了三百多萬醫美費用換來的成果。然而，此刻這張完美的臉龐，卻遮不住眼底的荒蕪。

「我們總以為換個角色，就能改寫劇情，卻沒發現，自己從未走出同一個攝影棚。」

小薇的故事，讓我印象深刻。

從十六歲開始工作賺錢的她，一路努力改造外貌，只為了實現心中一個深深的信念——「只要變美，就會有人愛我。」

即使外在改變了，她的愛情生活卻沒有任何改善。每一任男友，不是條件差，就是冷漠對待，甚至有人劈腿背叛。小薇開始懷疑：是不是自己還不夠完美？是不是自己還不值得被愛？

事實上，小薇的問題，並不在於外表。而在於，她內心早已植入了一個潛意識劇本。

從小，媽媽經常對她說：「又胖又醜，怎麼會有人喜歡妳？」這句話像咒語一樣，深深刻在她心裡。這讓她相信，只有變得完美，才有資格被愛。她雖然努力變美，但內在仍牢牢抓著「我不夠好」的信念。

心理學中的「強迫性重複」理論指出：人類會無意識地重現童年創傷情境，試圖在相似的關係中「治癒傷口」。

小薇不斷以美貌吸引伴侶，其實是在重演童年裡「我想要變美換取關注」的故事。

在一次諮詢中，我帶著小薇回到內心的小女孩，問她：**「妳變美，是為了**

喜歡自己，還是為了讓別人喜歡妳？」

她紅著眼眶說：「我只是希望，有人可以看見我……不是外表，而是我。」

這句話聽著真的讓我很心疼，因為她潛意識的錯誤連結，經歷了多年的痛苦迴圈。因為當內在信念是「只有外表才有價值」，即使外表改變了，潛意識仍然是缺乏自信和低價值感，於是吸引來的男生也是那些只看外表、無法真正看見她內在美好的人。

在後續的潛意識改寫過程中，小薇開始練習用欣賞的眼光看自己，不再以條件換取愛。沒想到短短二個月後，她約會認識的第四位對象，就是一位真誠、溫暖又尊重她的男人。後來遇到一位優秀的男人，兩人穩定交往中，感情自然又安心。

小提醒：妳吸引來的關係，不是偶然，而是內在信念的共振。

潛意識的鏡子：不是對方變了，是妳的信念在投射

愛情從來不是命運的惡作劇，而是潛意識的鏡子。

當我們總是吸引來忽略我們、輕視我們的人，真正需要改變的，不是換一

個對象，而是要改變自己在冰山下的看法——我怎麼看待我自己？

潛意識就像一台投影機，會把我們內心最深的信念，投射成我們經歷的真實人生。

小提醒：妳如何看待自己，決定別人怎麼對待妳。

故事二：她氣他小氣，卻沒發現自己在重演爸爸的戲碼

小愛的故事，是一個典型的潛意識劇本重演。

她滿腔怒氣地告訴我：「我男友超小氣，連約會都要我出一半。可是對前任，他卻又大方又捨得買名牌包！」

當我問她：「這感覺有沒有一點熟悉？」她愣了一下，然後眼淚就掉下來了。原來，她小時候父母離婚，媽媽帶著三個孩子辛苦生活，爸爸卻送給再婚的太太一棟房子。

她從小看著媽媽的劇本，心疼媽媽的辛苦，也覺得她在關係中被忽略、不被珍惜。特別對爸爸的「小氣、偏心」充滿了憤怒與痛恨。

但潛意識的奧秘是——

我們最痛恨的，往往也是我們最容易吸引的。

因為強烈的情緒，會形成強烈的頻率，而頻率，就是吸引力的來源。

當小愛很討厭「小氣的男人」時，潛意識其實牢牢抓著「我是那個不被選擇、不被重視的人」這個角色設定，於是基於同頻相吸的吸引力法則，她很容易遇見讓自己感覺到被忽略、小氣對待的人。

要改變這樣的迴圈其實很簡單，只要解除對小氣的情緒。過往你也許聽過：無法原諒，其實就是在用別人的錯懲罰自己。只有放下了，才能輕鬆自在的前行。

在我透過對話和情景重設讓受傷的小愛被療癒，她從對爸爸的憤怒中釋放了出來，跳脫了父母的愛情劇本，重新定義了自己在愛情關係中的價值感。

不久之後，她遇到了一位總是把她捧在手心、帶她出國旅行、讓她感覺被珍惜的伴侶。

小提醒：潛意識不會說謊，它總是把你內在相信或是排斥的劇情演給你看。

章末整理：改寫內心劇本，才能迎來新的愛

如果妳總是遇見忽略妳的人、敷衍妳的人、或者讓妳不斷懷疑自己價值的人——請記得，

問題，不是妳不夠好。

問題是，潛意識裡，有一個老舊的故事，正在指引妳重複那份「熟悉的痛」。

妳的潛意識需要的，不是更多努力證明自己，而是回到內心深處，重新種下幸福的新種子。

小提醒：潛意識在呼喚的，不是重演痛苦，而是渴望被療癒。

行動練習：探索妳的潛意識愛情劇本

第一步：寫下最近一段感情中，讓妳最受傷或最失望的一個情緒。例如：被忽略、不被珍惜、被背叛。

第二步：問自己：「這種感覺，最早出現在我生命中的什麼時候？來自誰？」

第三步：溫柔地看見那個小時候的自己，告訴她：「妳沒有錯，妳值得被深深愛著。」

第四步：寫下一個新的愛情信念句子。例如：「我值得被全心全意珍惜。」

第五步：每天早上對著鏡子，輕聲說三遍新的信念，讓潛意識聽見，讓新的種子慢慢發芽。

第六章

愛的設計圖：從想要的對象，到想要的感覺來創造妳的理想伴侶

妳的「愛情傷痕」，是否阻擋了妳的幸福？

高雄的午後，陽光灑落窗台，映照著香香公主略帶憂傷的側臉。離婚十七年，她渴望愛情，卻又在一次次失望中退縮。父親的嚴厲，前夫的負面，這些過往的陰影，如同一道無形的牆，阻擋著她通往幸福的道路。

回憶起童年，父親總是不苟言笑，家裡瀰漫著一股令人窒息的低氣壓。香香公主渴望逃離，渴望溫暖，於是很年輕就選擇了婚姻，以為從此可以擁有一個屬於自己的避風港。

然而，命運似乎跟她開了個玩笑。她的先生，和父親一樣，有著令人難以忍受的脾氣。大聲吼叫、負面情緒，讓她再次陷入恐懼和不安。最終，這段婚姻以失敗告終，留下傷痕累累的她，獨自撫養孩子。

恢復單身後，追求者並不少，但香香公主卻發現，這些男人似乎都帶著相同的影子——大聲說話、強勢霸道，像極了她的父親和前夫。她渴望愛，卻又在潛意識裡抗拒著，在關係中不斷上演著「想靠近卻又害怕受傷」的戲碼。

更讓她難過的是，父親對她離婚的選擇一直無法諒解。每次回娘家，面對父親的冷淡態度，她都只能默默垂淚，不過是二個小時車距，彷彿隔著一道無法跨越的鴻溝。

在工作之餘，香香公主常常一個人邊吃飯邊哭泣，孤獨感像潮水般將她淹沒。在感情和親情中，她都感受不到溫暖，彷彿被困在一個無形的牢籠裡，找不到出口。

直到遇見小紀老師，香香公主才意識到，原來一直阻礙她幸福的，是她內心深處的「關係傷痕」。在一次一對一諮詢中，小紀老師讓她嘗試列出理想伴侶的條件，結果她只寫了一句話：「不要大聲講話」。

香香公主對父親的恐懼，已經在她心中烙下了深深的印記，讓她在潛意識裡不斷吸引著相同類型的人。於是，小紀老師引導她進行潛意識的調整，讓她回到童年，溫柔地擁抱那個受傷的小女孩，並重新改寫她和父親相處的畫面。

奇蹟般地，香香公主在三十天內就改變了與父親的關係。她不再害怕跟父親講話，甚至在父親住院時，能夠十指交扣地握住他的手，支持他。跨越了與父親的恐懼，卸下了情感的藩籬。

香香公主終於斬斷了「越恐懼越吸引」的能量連結。她開始能夠正視自己的內心，重新列出理想伴侶的清單。並且在不到一〇〇天的時間裡，吸引到了一位完全符合條件的男朋友，成功顯化了理想伴侶。

以前她經常跟我說，小紀老師我希望我的另一半能像妳的老公一樣，會在我繁忙的美睫工作之後，為我準備食物和按摩，這樣我就可以享受被滿滿溫情照顧的時光。我回答她說：這其實很簡單，只要相信就能擁有。

她真的是一個聽話照做的好學生，善用了潛意識的三萬倍力量，每天練習活在彷彿擁有的頻率中。很神奇的我們真的產生了幸福頻率的共時性，有一天我分享了先生為我煮的小卷米粉湯給她，她馬上回了一張男友為她準備好的牛肉米粉湯。我們雖然在不同的空間，卻在同一個時間享受著另一半準備的饗宴。

這讓我更加印證生命的創造都來自潛意識的相信，它就是專屬於你的阿拉丁神燈的精靈，對它沒有想像或是真實，只會把你所相信的極致，如實的呈現在你眼前。

妳吸引的不是你想要的，而是妳的「相信」。

這個故事也點出了我們接下來要探討的關鍵——當妳不清楚自己真正想要的感覺時，妳的伴侶清單可能會成為誤導的地圖。

妳真的知道自己想要的關係是什麼嗎？

香香公主的故事讓我們看到，很多時候，我們並不知道自己真正想要的是什麼，反而輕而易舉的可以講出不要的劇情。但是潛意識是聽不到「不要」的，所以如果想著不要脾氣暴躁的另一半，不要爭吵，潛意識的焦點就會在脾氣暴躁、爭吵上。所以要擁有一份清晰的「理想伴侶清單」，用來對焦潛意識的新方向就顯得特別重要。

它就像一張通往幸福的藏寶圖，指引著我們找到真愛的方向。潛意識擁有強大的力量，會把你信念的相信吸引過來。就像陽光看似溫柔，卻能透過放大鏡聚焦成強大的能量，燃燒一張紙張。

然而，很多人在列伴侶清單時，常常陷入一些誤區，導致事與願違。事實上，我看過超過上千份伴侶清單，發現伴侶清單無法實現是因為有三個盲點。

一、潛意識聽不到「不要」

我有一位學員的伴侶清單上寫著：「不要抽菸、不要喝酒、不要賭博。」但潛意識不會處理否定語，它只會抓住關鍵詞。結果，她交往四年的男友，在談婚論嫁後才發現男方家族開的是賭場。就像香香公主最初只能列出「不要大聲講話」，這樣的清單其實仍舊聚焦在不要後面的動作上，就是大聲說話。結果就是精準無誤地把不要的結果，不斷吸引到你的面前。

二、清單太模糊，無法聚焦

「希望他有錢、對我好、有上進心。」這些願望都太籠統。潛意識需要具體、可感受的畫面。

與其說「有錢」，不如說「年薪百萬以上，有財務規劃能力」。與其說

「對我好」，不如說「每週至少一次主動安排約會，聽我分享情緒」等。

三、清單背後藏著未療癒的恐懼

我曾看過一份清單，開頭就是「一定要對我專一」。一問之下，原來她曾經被劈腿。

其實伴侶清單也是一面鏡子，可以反映出你潛意識裡的恐懼。例如，有些人會寫「要對我專一」，這其實是過去遭遇過背叛的陰影。如果沒有清除內心深處的恐懼，即使表面上吸引來了專一的人，也可能會因為缺乏安全感而再次推開對方。

在列清單的過程中，你可能會發現，有些條件其實是你內心恐懼的投射。例如，如果你寫了「不能太帥，怕他花心」，那麼你需要思考的是，如何提升自己的自信，而不是把焦點放在限制對方上。

潛意識其實不是吸引妳寫下的文字，而是文字背後的「頻率與感受」。所以不是只有寫下正面的文字，潛意識感受的調整才是關鍵。就像香香公主在療癒與父親的關係後，才跳脫出恐懼的迴圈，並且有能力列出一個真正溫暖的愛情畫面。

理想伴侶清單：為妳的愛情設計一份藍圖

與其讓愛情碰運氣，不如為愛寫一張地圖。而這份地圖的基礎，就是「對頻」與「感覺」。

從現在開始，為自己寫下理想伴侶清單，不只是條件，而是能讓妳心裡有畫面、有幸福感的句子。妳可以寫二十條、三十條、甚至更多，但請記得：

- 用正向、具體的語言
- 不要寫「不要」
- 每一條都能引發妳的幸福感
- 想像他已經出現在妳身邊，與妳互動的畫面這不只是清單，更是一張頻率對齊的能量願景圖，是妳內在開始「相信幸福是可能的」的證明。

小提醒：妳寫下的，不只是條件，而是妳對愛的相信與允許。

那麼，如何才能寫出一份真正有效的理想伴侶清單呢？

首先，靜下心來，閉上眼睛，想像一下你理想中的愛情是什麼樣子的？

- 你和你的伴侶在做什麼？
- 你們之間的互動是怎樣的？
- 你感受到什麼樣的情緒？

當你清晰地描繪出理想愛情的畫面後，就可以開始動筆了。試著列出十到二十條你希望伴侶擁有的特質，例如：

- 有責任心，工作穩定
- 尊重我的想法，願意溝通
- 有共同的興趣愛好

・喜歡小動物
・孝順父母
・有健康的生活習慣
・……

這不只是條件清單，而是能量對頻的愛情願景板。因為顯化愛情的祕密：不是等待，而是「對頻」

當清單寫下後，真正關鍵的是：妳每天是否活在那樣的感覺裡？吸引的力量，來自感覺。妳想要的愛情，是什麼感覺？

當我還是單身的時候，就寫了我的伴侶清單貼在床邊。每天睡前和早上起床時都看著那張紙，我會閉上眼睛，想像他坐在我身邊、陪我聊天、一起笑、一起為夢想努力。每當我想到開心的畫面，嘴角還會不自覺上揚。

那個時候，我還沒遇見他，但我已經在「對的頻率」上。這樣的狀態，就是顯化的開始。

試著想像自己活在一個平行宇宙，那裡的妳已經擁有這段愛情，妳的言語、舉止、能量都與這段關係一致。當你充滿愛意地看著願景板，感受著幸福和喜悅時，你就是在向宇宙發送強烈的訊號，吸引與你頻率一致的人事物。

當妳先成為對的人，對的人就會出現。

愛不是靠找的，是靠「成為誰」來吸引的。

創造一個新的原生家庭，讓妳自己活在愛裡

妳會發現，從愛情傷痕到伴侶清單，再到顯化愛情，真正的核心其實都來自於——**妳如何對待自己**。

當妳願意成為那個溫暖又安全的源頭，愛就會在妳的生命中自然流動。妳吸引來的關係，也會與妳「對待自己的方式」完全共振。

我們都無法選擇出生的原生家庭，但我們可以透過覺察與練習，為自己創造一個嶄新的「愛的容器」。

想像一下：如果時光倒流，妳希望回到幾歲？妳渴望父母怎麼對待妳？妳

想從他們身上得到什麼樣的愛與肯定？

現在，妳就是自己的父母。妳可以開始學習**溫柔地擁抱自己、照顧自己、肯定自己**，那個妳童年渴望卻沒能完全擁有的愛，現在妳可以自己給予。

也許妳會問：「我該怎麼開始呢？」

這就是我為妳準備【愛自己二十一天鏡子冥想練習】的原因。透過每天站在鏡子前，對自己說出溫柔、支持與力量的話語，妳將一點一滴重建與自己的關係，為自己創造出真正的「愛的安全基地」。

親愛的，妳不需要等「對的人」來填補妳，妳可以**先為自己創造「對的感覺」**。愛情的發生，從來不是偶然，而是妳內在信念的顯化。當妳清晰知道自己想要什麼，並願意為此付出，妳就能創造妳渴望的愛情與人生。

從愛情傷痕、潛意識清單、感受頻率到自我對待，這一切，其實早已為妳寫下一張愛的設計圖。當妳的頻率改變，世界就會為妳轉動。

請相信，妳值得擁有幸福，從此刻開始，為自己開啟這段幸福的旅程吧。

第七章
打破舊信念，讓對的人靠近，讓身邊的人變對

「為什麼我總是遇到讓我心碎的人？」
「我已經夠努力了，為什麼還是不被愛？」
「是不是我哪裡做錯了，所以他才會離開我？」

這些聲音，是許多女人在深夜裡默默流淚時，對自己一遍遍提問的疑惑與自責。但真正的關鍵，往往不是外在的人，而是藏在我們內在深處、從未被覺察的「舊信念」。

這些信念，才是真正影響我們愛情劇本的源頭。如果不去看見、不去轉化，就算換了伴侶，結局也會驚人地相似。

愛情的「三個月魔咒」：舊信念的輪迴

我的新加坡學員Alice，長年受困於一個她稱之為「三個月魔咒」的愛情模式。每段戀情，無論對象是誰，最長不超過三個月。

生日的前一天，男友提了分手。她哭著來找我，第一句話就是：「老師，他選在這天分手，那我以後的生日怎麼過？我是不是註定不會幸福？」

這不是她第一次這樣問自己：「我是不是做錯了什麼？為什麼我再怎麼努力，也無法留住愛？」

我知道，這不是她的錯，而是她潛意識中的信念正在主導她的愛情。她內心深處，深信「自己不值得長久的愛」，於是重複吸引來那些會讓她證明這句話「是真的」的人和情節。

但故事沒有停在這裡。在課程與一對一的深度練習中，Alice開始正視那些不屬於她、卻深植於她內在的信念。從「我怎麼做才可以挽回他？」慢慢轉變成——「我能不能先好好照顧自己？」

幾個月後，她傳來訊息：

「感謝小紀老師，讓我認識潛意識的力量。我不再只是等愛的人，而是能夠創造愛的人。那個每三個月就崩潰的我不見了，現在的我穩定、快樂，也榮獲二〇二四年亞太最佳業務獎項。我知道，我值得被愛，也值得成功。」

她的故事，就是一場從「受害者」到「創造者」的愛情覺醒。

舊信念從哪裡來？線索藏在原生家庭

我們在感情裡反覆上演的場景，不是偶然，而是我們潛意識中「最熟悉的安全感」。

這種「安全感」，可能是我們從小看到的相處模式：

- 媽媽總是壓抑委屈、默默忍受；
- 爸爸永遠缺席、不曾給予支持；
- 或是你要「表現得很好」才配得被愛。

這些看似習以為常的童年經驗，卻深深烙印在潛意識裡，成為我們愛情中的預設值。

案例一：恐懼親密的小明

在一次工作坊裡，小明回憶起一幕童年畫面：

「我和弟弟正準備吃晚餐，突然爸爸大吼一聲，把整桌飯菜掃到地上。媽媽跪在地上收拾，而爸爸摔門離開。我站在那裡，不知道發生了什麼，只覺得好可怕。」

那天，小明種下了兩個潛意識信念：

- 親密關係是不安全的；
- 情緒無法預測，只能保持距離才不會受傷。

這也是他長大後，總用「好兄弟」的方式與女性相處，不敢主動、不敢靠近、也無法承接曖昧的真實原因。

案例二：重複遭受背叛的小華

小華經歷三段感情，結局如出一轍——無法溝通與被劈腿。

在一次一對一的討論中，我陪她回到十歲那年：她因一件小事被表哥誣賴，父母沒有詢問，只因親戚一句話就當眾懲罰她。

從那天起，她在潛意識裡埋下了這些信念：

- 沒人會相信我；

- 親近的人也會背叛我；
- 我的聲音不重要。

這些信念，讓她在愛裡一直重複那句熟悉的結局：「說再多也沒用，最後一定會受傷。」

愛情裡的親密，其實是童年的延伸。

我們戀愛時的樣子，就是小時候那個「努力想被愛的孩子」的延伸。如果童年的我們習慣壓抑情緒、不敢說出想法、總是在討好中尋求關注——我們也會在愛情中這麼做。

切割劇本，重寫愛的劇情

真正的轉變，不是「我不要像誰」，而是「我要活出我自己的版本」。當妳還在抗拒原生劇本時，其實潛意識還黏在舊頻率裡。

所以，請妳溫柔地說：

「我不再扮演媽媽的角色，也不用複製爸爸的情緒。我要創作屬於自己的幸福劇本。」

這時候，我們就可以啟動「潛意識轉化四步驟」：

看見：覺察舊信念的來源

理解：了解它如何影響現在

釋放：讓情緒流動並離開

重寫：選擇新的信念與行為模式

練習：原生家庭情緒釋放

找一個安靜的空間，閉上眼睛，回到妳小時候最委屈的一幕。寫下當時的情緒，不分析對錯，只陪伴那個孩子的心情。

然後請寫下這段潛意識轉化句（三次）：

那時的我，很害怕／很生氣／很委屈，但我願意釋放這段記憶，讓它不再主導我的現在。我願意接住那個當時的我，並對她說：我在了，我懂妳了，現在有我陪妳。

引導練習：創造妳的愛情舞台

閉上眼睛，想像自己站在舞台上，燈光灑落。觀眾席上，是父母、前任、曾經讓你心碎的人，也有那個童年的自己。

妳輕輕地說：

「謝謝你們曾參與我的故事，我願意把你們的角色歸還。我不再照著你們的劇本演出，我要開始創作自己的劇本。」

然後，從舞台後走出來的，是一個被愛、值得、閃亮的妳。妳和她擁抱。

讓這個畫面在妳心裡停留幾分鐘，深呼吸，讓新的信念進入潛意識。

行動練習：寫一封信給過去的自己

親愛的我，謝謝妳曾經那麼努力愛人，也那麼努力想被愛。

從現在起，我要把那份愛重新給回妳，讓妳知道——

「妳早就值得被愛，從來不需要證明。」

結語：讓對的人靠近，得先讓自己變對

妳不是要更努力證明自己值得被愛，而是要溫柔地鬆開那些不屬於妳的信念與角色。

當妳不再演過去的戲，世界就會換上全新的劇情給妳。讓「對的人」有機會靠近，讓舊關係有空間變對。

從今天起，讓愛情，重新成為一場妳親手導演的幸福劇本。

第八章

愛的種子法則：妳想得到什麼，就先種下什麼

還記得小時候，我們總是期待著播下一顆種子，就能夠收穫滿園的果實嗎？在愛情的世界裡，也存在著這樣一個神奇的法則——愛的種子法則。它如同自然界的規律一般，種瓜得瓜，種豆得豆，你想要得到什麼，就必須先付出什麼。

很多人以為幸福是一種「運氣」，但其實，幸福更像是一種有意識的「耕耘」。想要收成什麼，就必須先種下相對應的種子。

愛情花園裡的秘密：種下什麼，收穫什麼

在諮詢過程中，我發現許多人在愛情中感到迷茫和困惑，他們渴望被愛、被理解、被支持，卻往往事與願違。其實，這就像在貧瘠的土地上期待豐收，沒有播種、灌溉、施肥，又怎麼能奢求果實纍纍呢？

愛的種子法則告訴我們，想要得到愛，就要先付出愛；想要得到認同，就要先認同別人；想要得到金錢，就要先慷慨解囊。這個法則適用於生活的方方面面，也包括我們的情感世界。

試想一下，如果你總是抱怨伴侶不夠關心你，卻從未想過主動關心對方；

你總是渴望得到對方的讚美，卻吝嗇於給予對方肯定，那麼你們的愛情花園裡，又怎麼會開出幸福的花朵呢？

種子法則：妳給出去的，會回到妳身上

想要被愛，就先去愛別人。想要被認同，就先去認同別人。想要富有，就先去幫助別人富有。

這就是種子法則的核心精神。

但很多人卻在不知不覺中做了相反的事。當生活中出現匱乏感時，他們開始抱怨、批評、指責他人，甚至對世界要求更多。殊不知，這些反應其實是在潛意識裡種下了「匱乏」、「不滿」、「不夠好」的種子。

而潛意識就像土壤，不分對錯，只負責誠實地回應你種下的是什麼。於是，越來越多讓人失望的關係、混亂的事件、令人疲憊的情緒，就會回到妳的生命裡，呼應妳當初種下的頻率。

我常提醒學員們：「潛意識會精準無誤地傳遞出妳相信的頻率。」當妳說妳想吸引理想伴侶，不是只寫一張夢幻清單就夠了，而是要用具體的行動、態度和選擇，去種下相對應的能量種子。

想吸引什麼，就去成為什麼

在我的課程中，我經常告訴學員們，想要加速吸引伴侶清單中的理想伴侶，最有效的方法就是透過種子法則。這不僅僅是列出伴侶清單，更重要的是要在日常生活中種下好的種子。

例如，假設妳希望未來的伴侶能專心陪伴妳，那麼妳首先需要在日常生活中專心陪伴他人。這不僅能讓妳培養出專心的能力，還能讓宇宙感受到妳的需求，進而吸引到同樣特質的人。

一位學員在伴侶清單上寫著：「我希望對方是一個能夠專心陪伴我的人。」我告訴她，想要吸引這樣的對象，就要先「成為」這樣的人。

一個有效的方法是去養老院服務，專心陪伴那些長者。當妳用心去陪伴他們，這就是在種下專心陪伴的種子。當這些種子發芽時，妳的理想伴侶也會在未來的某一天出現。

她說，剛開始是想種下種子，但做著做著，竟然也讓她內心更平靜、更有力量。半年後，她認識了一位和她清單上描述極為相似的男生，對方說：第一次看到她在活動中專心陪伴長輩的樣子，就被她吸引了。

這就是種子法則的力量。

小提醒：與其尋找理想伴侶，不如先成為那個值得愛的人。

沒有種子，就沒有果實

如果一個人渴望收成蘋果，卻每天什麼也沒種，只是不斷希望樹會自己長出來，那不是渴望，那是幻想。

感情裡很多人會重複「同樣的劇情」，就是因為內在沒有種下新的能量與模式，卻想要得到新的結果。這樣的行為，就像愛因斯坦說的：「重複做相同的事情，卻期待得到不同的結果，這是一種瘋狂。」

很多來找我的個案，都是童年時沒有被好好愛過、認同過，於是長大後特別渴望從另一半身上得到安全感。但根據吸引力法則，內在匱乏的人，只會吸引來同樣匱乏的人。於是兩人就像彼此要糖吃的小孩，最後換來的不是愛，而是控制與失望。

如果妳想要的是「給出愛、創造流動」的關係，就必須先學會自己成為那個愛的源頭。

真實故事：從想離婚到變成幸福夫妻

我曾有一位客戶，事業上是女強人，婚姻卻讓她筋疲力盡。她和先生結婚十四年，幾乎所有的經濟重擔都由她承擔。先生對她冷言冷語，對孩子又太過溺愛，完全不配合她對教育的期待。

她來找我時，語氣堅決地說：「我想離婚。」但當我問她：「離婚後，妳還會想再找幸福嗎？」她沉默片刻，然後點頭：「當然會。」

我告訴她：「那麼，從現在開始，妳就要為未來的幸福做準備。」

她在伴侶清單的第一條寫下：「我希望我的伴侶能夠認同我、讚美我。」

我說：「很好，那我們就從這裡開始。」

我請她每天對她的先生種下一顆「讚美與認同」的種子。不是因為他值得，而是因為她的未來值得。她不太相信，但還是願意嘗試。從小事開始，每天說一句：「謝謝你幫我倒垃圾。」、「我覺得你今天陪孩子看功課的樣子很棒。」

就這樣，連續一百天。結果，不只是婚姻沒結束，先生竟然變成她心中的理想伴侶。現在五年過去了，他們的關係變得親密又穩定，像是重啟戀愛模式一樣。

這就是愛的種子法則。

咖啡冥想：讓種子加速開花

種下種子之後，我們還需要悉心呵護，才能夠讓它茁壯成長。在這裡，我想要向大家介紹一個簡單而有效的技巧——咖啡冥想。種子種下後，還需要灌溉，而「咖啡冥想」就是澆水的最好方法。

這個詞來自佛法裡「隨喜功德」的概念。當妳為自己做了好事，也為別人種下幸福的種子時，不要只是做完就忘了，而是要在當天睡前靜靜地回顧：「我今天做了什麼事，是在為愛種下種子？」

用欣賞的眼光「隨喜」自己，甚至想像這份愛正流向未來那位理想伴侶身上。想像他正在某個地方收到妳的愛，正慢慢走向妳的路上。

這就是咖啡冥想：

- 每天做一件種好種子的行為（陪伴、給愛、讚美、認同）
- 睡前花二分鐘回顧這個行為，欣賞自己
- 想像未來的愛人正在接收這份能量

小提醒：種子＋咖啡冥想＝顯化的加速器！

裝滿愛的種子，才能收成愛的果實

妳的內在像一塊田，妳的行為就是種子，妳的感覺是陽光，妳的信念是水源。如果妳每天都在抱怨、批評、否定自己，那妳其實種下的是「拒絕愛的種子」。但如果妳開始每天給出愛、給出欣賞、給出溫暖，那些種子就會開始發芽、成長，直到有一天，妳會驚喜地發現：

「怎麼周圍的人都變好了？怎麼我變得更幸福了？」

這不是別人改變了，而是妳先種下了改變。

最後，我想給大家一個行動練習：種下愛的種子。這是一個簡單而有效的練習，可以幫助你在日常生活中實踐愛的種子法則。

一、列出你的伴侶清單：首先，寫下你理想伴侶的特質，這可以包括性格、興趣、生活方式等。

二、**選擇一個特質：**從清單中選擇一個特質，這個特質是你希望在伴侶身上看到的。

三、**在日常生活中實踐：**找出一個或多個方法，在日常生活中實踐這個特質。例如，如果你希望伴侶能夠專心陪伴，那麼就要在日常中專心陪伴他人。

四、**記錄進展：**每天記錄下你所做的事情，以及你感受到的變化。這不僅能幫助你保持動力，還能讓你看到自己的成長。

五、**進行咖啡冥想：**每天花幾分鐘進行咖啡冥想，想像你的理想伴侶正在你的生活中，感受那份愛與幸福。

透過這個行動練習，你將能夠在生活中種下愛的種子，並吸引到理想的伴侶。記住，愛的種子法則是無限的，無論你給出什麼，最終都會回到你的生命中。

第三部
幸福久久的關鍵：讓愛顯化、讓關係綻放

很多人以為，脫單是幸福的終點。但真正的幸福，從來不是「終點」，而是一段持續顯化的旅程。

這一部，我想帶妳看見，顯化的力量，如何在愛中展現它的奇蹟。

什麼是顯化法則？它與愛情有什麼關係？

顯化法則的核心是：**妳的內在信念與情緒頻率，會創造妳的外在實相。**

當妳相信「我不值得被愛」，妳會吸引來忽略妳、讓妳懷疑自己的關係；當妳相信「我會被拋下」，妳會反覆經歷失去；但如果妳開始相信「我值得被深深愛著」，這樣的頻率會吸引來與之對應的伴侶與關係。

顯化不是魔法，而是：**當妳「成為」某種狀態，那個狀態的結果會自然顯現在妳的人生中。**

這就是為什麼在愛裡，真正的改變從來不是等對方改變，而是：**妳先對齊妳內在的愛的頻率。**

過去四年，我陪伴超過數百位學員種下幸福的種子，成功吸引理想伴侶。但我更常見到的，是在一段關係開始後，新的挑戰才真正到來。那個挑戰，不在外在，而是來自我們內在的潛意識，以及我們是否學會「如何顯化長久的愛」。

幸福，不只是遇見愛，更是在關係中持續創造愛、滋養愛，直到我們活成一個「愛的磁場」。

很多人在關係中走著走著，就來問我：「老師，可是我另一半又不願意改變，我們的關係是不是就卡死了？」

這是最常見、也最讓人無力的盲點。

但我想堅定地告訴妳：

當妳掌握了顯化的法則，妳不需要改變對方。因為真正的改變，不是「控制他怎麼做」，而是「調頻自己」。當妳的頻率改變了，妳的語氣、眼神、選擇與行動，都會不同；而這些變化，會像一股新的磁場，影響著他，也召喚出他內在最好的一面。

這就是為什麼我的許多學員，不是換了一個伴侶，而是創造了一段全新的關係。不是挽回，而是重生。

在這一部，我將透過四個真實動人的故事，帶妳看見——只要妳願意回到自己內在的源頭，停止討愛、停止複製舊劇本、學會溝通、懂得用愛設計對頻率的語言，妳就能顯化出一段屬於妳的長久幸福。

第九章：從匱乏到被愛

學會愛自己，是一切幸福的起點 小容的故事提醒我們，愛情是內在信念的鏡子。當她開始愛自己，不只吸引來愛她的人，連金錢、事業、生活也一起轉變。

第十章：停止複製父母劇本

創造妳想要的對話與愛情現實Nora從被外遇與絕望中覺醒，選擇停止壓抑、尊重自己，結果不是離婚，而是讓婚姻煥然一新——先生變了，因為她先改變了。

第十一章：讓對方真正「懂妳」

從錯頻對話到心靈連結的轉變　小佳不再用指責表達愛，而是學會真誠的表達自己。結果，不是她努力挽救，而是先生主動靠近，變成支持她夢想的另一半。

第十二章：天賦溝通力

用對頻率，讓對方越來越愛妳　透過四種能量類型的天賦溝通，Mobe不再用自己的方式去「愛對方」，而是用對方聽得懂的語言對話，讓關係從緊繃轉為親密。

這四章的核心，其實都圍繞著一個顯化的秘密：當妳改變了頻率，世界就會回應妳的改變。

妳不需要苦苦改變別人，只需要回到嬰兒時原廠設定，種下愛、信任與值得幸福的頻率。當這個磁場建立起來，妳會發現——幸福，不用追，它會靠近。

挽回的最高境界就是不挽回：小琪用五十萬買來的醒悟

我有一位學員，曾經為了一段感情，用了八年的時間、花了將近五十萬，試圖「挽回」一個人。

她說：「我真的什麼方法都試過了。算命、八字、塔羅、能量療癒、情感課程、戀愛溝通、寫清單、改穿搭、挽回教戰守則……能上的幾乎都上過。每一場課、每一本書、每一次消費，背後都是我想搞懂：男人到底在想什麼？我到底該怎麼做，才能讓他回來愛我？」

她的關鍵字搜尋從「挽回」、「怎麼讓他回頭」，一路痛到「失戀怎麼走出來」。但無論她多努力，「分合三次」的結局仍然重演。像被宿命綁住的劇本，只要再次相遇，就再次心碎。

有一次小琪跟我提到：「我以為我在找方法讓他愛我，結果我是在一點一滴失去自己。」

她開始嘗試愛自己，一開始還是靠自己摸索。但她說：「知道該改變，跟真的做得到，是兩回事。沒有指引，就像站在迷宮裡不斷繞圈。」

直到她走進我的課程。

有一堂課，我們進行了察覺和演練的指引，讓她第一次深刻地看見：她不是被對方吸引，而是被「自己過去沒被愛的那一塊」吸進去。她開始探索，那個讓她著迷的對象，其實只是她內在未被理解的影子。

在原生家庭裡，她學會用討好與委屈來獲得愛，在感情中，她反覆體驗「付出卻得不到」的劇情。

她終於開始懂得怎麼放下，不是放棄對方，而是終於願意無條件地擁抱自己。她說：「老師的鏡子練習，是我加速愛自己最重要的關鍵。」

當她不再執著「要做什麼才能挽回」，反而變得快樂、自由、和前所未有的底氣。結果——那位分合三次的前男友突然主動聯繫她，甚至提出想復合。

她笑了笑說：「我終於明白，最高等級的挽回，就是——不再需要挽回。」

她沒有再走回頭路，而是選擇成為自己的幸福設計師。她重新相信，愛，不是乞求來的，而是內在豐盛後，自然吸引來的回應。

準備好了嗎？讓我們從第九章開始，一起打開屬於妳的幸福劇本，不再重演過去，而是活出新的愛與親密。

第九章

學會愛自己：從匱乏到被愛的轉變

在愛裡，有多少人努力地付出、緊抓著關係，卻總是換來冷淡與受傷？她們一次次問我：「老師，我是不是哪裡做錯了？」

但我想溫柔地告訴妳：

其實，妳從來沒有做錯什麼，只是妳一直忘了先愛自己。

愛情不會說謊，它誠實反映妳的內在信念

我常對學員說：「結果不會騙人，它會誠實地映照出妳潛意識真正的相信。」

如果妳內心深處藏著「我不值得被愛」、「我不夠好」這樣的信念，那麼不論外表多麼堅強、表現多麼好，妳仍可能不斷吸引來忽略妳、冷漠妳、甚至傷害妳的人。

因為妳的潛意識，就像一座愛的磁場。它不依據妳「想要什麼」來吸引人，而是根據妳「相信自己是誰」。

小容的故事：她愛了所有人，卻從未學會愛自己

小容，是我很喜歡也很心疼的一位學生。

第一次見面，她眼淚直流地說：「我真的很努力了，為什麼還是一次次遇到渣男？是不是我真的不夠好？」

她的感情故事，是許多女人的縮影：

・一路討好對方，不敢表達真實的感受；

・被冷落、背叛，卻還是捨不得離開；

・為愛奉獻一切，卻從未好好照顧過自己。

當我請她回想童年，她說了兩個細節，讓我更清楚了解她為什麼活在一個缺乏愛的世界裡——她曾兩次在公共場所被父母「弄丟」。孤單地站在警察局、服務台等著被找回，那種「被遺棄」的感覺，一直沒離開她。

她也說：「從小我就知道，媽媽永遠不會滿意我。不管我多努力、多乖，她總會說『這有什麼好得意的？』」

這些經歷，在她潛意識裡種下了兩顆種子：「我不夠好」、「愛，是很難得到的」。這樣的信念，讓她在長大後的感情裡，一再重演「付出很多，卻得不到珍惜」的劇本。

為什麼會一直吸引錯的人？

不是妳運氣不好，而是潛意識一直在運作那個「熟悉但痛苦」的頻率。她討厭媽媽的情緒勒索，卻在感情裡變成那個努力討好、不敢表達、總怕被拋下的人。潛意識的劇本沒有改寫，吸引來的人就會一再呼應妳的內在信念。

小提醒：不是妳不值得幸福，而是妳的潛意識，還在複製舊有的痛。

學會愛自己，才是真正的改寫開始

很多人問我：「要怎麼跟對方溝通才能擁有親密的好關係？」

我常說：「先別急著溝通，而是要先回到與自己之間的對話。」

因為，當妳內心還住著一個「不被愛的小孩」，妳說出來的每一句話，都會不自覺地帶著渴求、委屈與恐懼。但當妳慢慢學會愛自己，妳的語氣、眼神、選擇……都會不一樣。

小容的翻轉：從被分手的那一個，變成愛的磁石

在做鏡子冥想練習之前，小容的感情幾乎都有一個共同的結局——每一段關係，都是她追著對方跑；每一次分手，都是她被拋下。

她在愛裡卑微討好，不敢表達真實需求，總擔心說錯一句話對方就會離開。她努力「做對的事」，卻從未問過自己：「我真正想要的是什麼？」

直到她開始【二十一天愛自己鏡子冥想練習】後，生命開始轉彎。

這套練習不是單靠一句肯定語就能改變什麼，而是透過三個步驟，幫助潛意識產生深層改寫：

一、鏡子凝視：每天兩次，直視自己的雙眼，說出療癒肯定語，回到與自己的連結。

二、行動小卡：每天實際做一件「對自己好的小事」，例如表達感受、給自己準備喜歡的早餐等，讓愛自己不只停留在口頭上，而落實於生活中。

三、覺察紀錄：透過日記的方式書寫每日轉化，幫助潛意識建立「我值得」的新記憶迴路。

這三個環節，彼此互補，構成一套完整的「愛的顯化儀式」，每天只要花十分鐘，卻像替靈魂澆水施肥，日積月累地翻轉自我價值感。

第十九天的奇蹟：愛主動靠近她了

第十九天，小容寫下這段話，我至今仍記得那份光芒：

愛自己鏡子練習第十九天——獲得感恩之力。

今天是一個陽光普照的幸福早晨，有陽光、有微風，一切都不太一樣。我學會享受每個當下的情緒與感覺，覺察每一個呼吸，覺得好療癒。我越來越愛自己，每一天都在美好中度過，生活中出現好多貴人。

金錢開始輕易顯化、豐盛湧現，我和男友的關係越來越親密、溝通更有默契。

我知道，我值得被無條件地愛與支持。感謝我有健康的爸媽、穩定的工作、熱愛的副業，還有一個愛我的伴侶天天照顧我、支持我的事業。

每一天，我都活在幸福裡，真的很幸福。

這不再是那個苦苦討愛、拼命證明的小容。這是個內在充滿能量、感謝、自由與信任的她。她不再追著愛跑，而是成為愛的發光體——**愛自己以後，愛自己的人也自然出現了。**

愛自己的顯化力量，正在悄悄運作

愛自己，不只是喊口號，而是一種內在狀態的改變。當妳開始活在「我值得」的頻率裡，整個世界就會為妳調頻。

妳會發現：

- 溝通不再那麼艱難，因為妳更清楚自己的需要；
- 不再拼命證明，因為妳知道自己早就夠好；
- 人際關係開始有新的迴響，因為妳的磁場開始不同。

這就是**顯化法則**的開始。當妳的「內在信念」與「想要的感覺」對頻，宇宙就會將妳對應的愛帶到妳身邊。

鏡子冥想旅程

親愛的妳，如果妳也曾懷疑自己是否值得被愛、也曾在感情中失落受傷，我誠摯地邀請妳，來體驗看看我親自設計的【二十一天愛自己鏡子冥想練習】，讓妳先感受這份溫柔的轉化力量。妳將會收到：

- 一段每天的鏡子冥想語音引導
- 一個幫助妳落實的小行動
- 一份陪伴妳轉化的溫柔聲音

點選連結或掃描QR code，從今天起，讓我們一起，在鏡子裡遇見那個最值得被愛的妳

愛自己鏡子練習
的冥想連結

第十章
停止複製父母的溝通模式，創造妳想要的對話關係

「從準備離婚到重新戀愛，我用一〇〇天改寫了我們的婚姻對話。」

這不是童話故事，而是Nora親身走過的現實人生。

兩年前，她來到我面前，滿臉疲憊、眼神失望，語氣裡充滿掙扎：「我不想這樣下去了……但我也不知道該怎麼做。」

Nora結婚七年，孩子剛滿四歲。她是一位職業婦女，也是媽媽、太太，一手打理家中大小事。她很努力：努力照顧孩子、努力兼顧家庭與工作、努力扮演好一個「好妻子和好媳婦」。

但越努力，越覺得孤單與心碎。

她說：「我已經放下自己所有的需要，只求他能幫我倒個垃圾。他答應了，卻兩週都沒動過一下。」

先生的冷漠、敷衍，甚至在外面和朋友聚會時充滿笑容，回到家卻對她冷若冰霜。一次無意中，她發現先生外遇了。

她說：「我就像一個傻子一樣，一直付出，換來的卻是背叛。我真的不想再這樣了。」

「她想離婚，卻又捨不得孩子，希望給他一個完整的家。」

一切的溝通模式，來自我們最熟悉的地方——原生家庭

在我們的潛意識裡，有一套早已內建的「對話模板」，來自於小時候在家庭裡最常見的溝通模式。

Nora告訴我，她的家庭裡，爸爸是一言堂，媽媽總是沉默壓抑。她印象中的媽媽，總是忍耐、總是勉強笑著，壓抑內心的委屈。當壓抑久了，終於受不了時，媽媽就會情緒爆炸，然後哭著關起門，不再說話。

而那時的她，總是躲在角落，默默地害怕、不敢吭聲。

她說：「我好討厭媽媽那個樣子……但我後來才發現，我也變成了她。」

她在婚姻裡，壓抑、討好、委屈求全。當忍無可忍時，就一次性爆發情緒，然後關門不語。

她說：「我不是不溝通，而是不知道還能怎麼溝通。」

但是，「當我開始重視自己的需求，停止複製原生家庭的溝通模式時，我的婚姻不僅重生了，我的人生也變得更幸福。」

這是Nora的故事，一段從婚姻低谷中重生的真實旅程。曾經因為丈夫的外遇陷入絕望的她，最後不但挽回了關係，更顯化出理想伴侶的樣貌。本章將透過Nora的覺察與行動，帶妳看見：只要願意停止複製舊劇本，妳就可以創造出妳真正想要的對話關係與愛情現實。

這不只是從絕望走向幸福的故事，更是妳可以啟動的顯化力見證。

顯化起點：停止複製，先從覺察開始

Nora的第一個故事：委屈換不來尊重

當Nora發現丈夫外遇時，她第一時間選擇了退讓：「我給你三個月，把外面的關係斷乾淨，我可以既往不咎。」

她以為這樣可以換來悔改，卻只換來更深的冷漠與無視。這是她在潛意識中複製母親模式的結果——用壓抑與隱忍去愛，卻換來更大的痛。

我對她說：「如果妳都不重視自己，怎麼能期待別人來重視妳？」這句話觸動了她的覺醒。

那一刻，她決定不再扮演委屈的角色。她開始練習溝通中的界線：「如果你真的選擇她，我願意放手。」

丈夫的態度因此出現改變，因為Nora改變了內在的自我定位。她從依附與討好，轉為一個有選擇權、有底氣的女人。

顯化連結：勇敢說出底線，是重新調頻自我價值的開始。

Nora的第二個故事：從「應該」到「我想要」

Nora一直覺得：「我應該守住這個家，無論自己快不快樂。」一直到她參加【一〇〇分幸福女人學】課程，在「種出理想伴侶」的練習中，她才第一次靜下心問自己：「我想要什麼樣的愛情？」

這時她才發現，她其實並不是因為愛丈夫才留下，而是因為責任感與社會的框架。這種扭曲了真實感受的選擇，讓她的能量長期處在壓抑與匱乏之中，也難怪吸引來的是忽略與不對頻的對待。

她開始寫下自己的需求與喜歡的生活樣貌，每天練習關注內在感受，為自己創造快樂與平衡。

這個過程，是她從匱乏轉向自信的顯化之旅。

顯化提醒：清晰的願景與感受，是妳吸引對的人與愛的起點。

Nora的第三個故事：從「討愛」到「成為被愛的人」

過去的Nora拼命想讓丈夫改變，卻從未真正說出她想要什麼，也從未讚美過他。她想被愛，卻一直用匱乏的頻率在溝通。

在學習了【一○○分幸福女人學】的「親密溝通的好關係」章節後，她學會了一個簡單但強大的行動：

每天寫下丈夫的一個優點，並在適當時機表達出來。

這不只是讓關係變和諧，更是她在「頻率層次」上轉化了愛的流動。過去，她努力維持家庭，卻過著「偽單親生活」。但現在，丈夫會主動分擔家務，為她下廚，還每月主動給她零用錢。最重要的是，他開始願意聽她說話，願意靠近。

這就是從內在顯化出來的幸福。

顯化提醒：當妳成為愛的源頭，愛會自然流向妳。

顯化練習：創造妳想要的對話關係

這不是一夜改變，而是一場內在能量的更新。妳可以從這三個練習開始，逐步啟動妳的愛之顯化力：

一、每天寫一個「對方的優點」

・這不只是欣賞對方，更是改變自己聚焦的頻率

・寫下來，並找一個真誠的時刻說出口

二、自我對話練習

・每天花三分鐘，問自己：「今天我感受到什麼？有沒有藏起來沒說的需求？」

・寫下來，練習溫柔地對自己說：「妳的感受很重要。」

三、停止使用「指責語言」，開始用「感受表達」

・把「你總是……」改成「當你這樣做時，我感到……」

・讓對方不是被攻擊，而是被看見

顯化提醒：妳說的每一句話，都是妳內在頻率的具象化。當妳的頻率改變，愛的回應也會跟著改變。

結語：愛，是可以重新被創造的

Nora的故事不是奇蹟，而是潛意識顯化法則的真實展現。

當妳願意停止複製父母的溝通模式，開始覺察自己、尊重自己、表達自己，妳不只是改善了一段關係——妳是在創造一個全新的愛的劇本，並把它活出來。

Nora：「當我開始重視自己的感受，我的人生才真正開始改變。」

親愛的，妳也可以。

妳可以不再延續那些讓妳委屈的劇本，妳可以用妳的覺察、妳的行動、妳的願景，創造出屬於妳的幸福關係。

這一切，就從今天，從一句真誠的自我對話開始。

下一章，我們將深入探索「懂妳的親密溝通法則」——讓對方真正聽懂妳、懂妳的需要、懂妳的情緒，一起走進心與心的連結。

幸福的溝通，從停止複製開始，也從勇敢表達自己開始。

第十一章
讓對方「懂妳」的親密溝通法則

「如果妳現在在關係中覺得受挫、迷惘、想放棄，請相信：有時候，一段關係只需要一個人先做出改變，就有機會帶動整個互動的轉變。」

「我們從快要離婚的臨界點，變成每天像朋友一樣聊天的關係。」

這不是奇蹟，而是改變溝通方式後，一段關係真正可能發生的轉變。

這是小佳的故事，一段從困惑到理解的旅程。當她面對丈夫的離婚通牒時，她不知道自己該如何應對，但最終，她透過學習與實踐，讓婚姻重回正軌，並與丈夫建立了更深的連結。

本章將帶妳走進一段真實的愛的顯化歷程，學會如何調整頻率、改寫潛意識中的舊劇本，創造讓對方真正「懂你」的親密溝通方式，實現更深層次的愛與理解。

我記得小佳第一次來找我諮詢時的模樣。她一臉困惑地說：「老師，我老公說年底之前我們的溝通還是這樣，那就離婚……可是我真的不知道哪裡出問題了。」

表面上她答應改善，但內心卻滿是疑惑：「我又沒做錯什麼，到底是哪裡不好？」

這樣的狀況，其實在很多關係裡常常出現。表面說話有來有往，但實際上彼此根本沒有「聽懂」對方。每一次的對話，像是兩個不同頻道的電台在放音樂，誰也接不到誰的旋律。

妳說的話，對方真的聽得懂嗎？

當小佳的丈夫提出年底離婚通牒時，她才真正驚醒——她說：「我真的不知道我做錯什麼了。」

我常說，人生的轉折，來自一場看似崩潰的提醒。她選擇了不崩潰，而是翻轉，讓這場危機變成生命的重啟。

小佳分享說，婚後第一年，和先生不斷出現意見不合的情況。她常常自己做完決定，才告訴對方。

她覺得：「事情都發生了，你再生氣也沒用，難道你希望我倒回時間重來一次嗎？」

而先生卻感覺：「妳從來不聽我的意見，都是妳說了算。」

就這樣，兩人進入「不是我對，就是你錯」的對立場景，久而久之連日常聊天都會引爆爭吵。

她說：「我們都想要被理解，卻都在用錯的方式溝通。」

這樣的溝通就像兩人背對背說話，一邊喊著「你怎麼不懂我」，一邊又在心裡築起高牆。於是，關係的距離越拉越遠，愛也被誤解與冷淡淹沒。最終的結果，就是他對她下了通牒：「年底前如果還是這樣，我們就離婚。」

那一刻像是生命的紅燈亮起，但也為小佳的轉變拉開序幕。生命中的事件不會定義我們的人生，如何看待這個事件才是影響生命品質的關鍵。小佳把這個事件變成生命的禮物，沒有被困住反而蛻變成為一個更好的自己。也許妳也在幸福的路上遇到這樣的嚴峻挑戰，總覺得自己付出很多，努力改變，卻一直沒有找到幸福的答案。其實真的不是妳不好，只是沒有用對方法。要記住，想得到不同的結果，就一定要用和過去不一樣的方法。在潛意識調整和下功夫，不管冰凍多久的關係，就會像遇到溫暖的陽光時，自然地融化。

關係中最常見的「頻率錯位」：妳以為自己在溝通，潛意識卻在築牆。

顯化提醒：真正的溝通，是頻率的對齊，而不是語言的技巧。

如何用「潛意識溝通」，讓愛更深、更長久？

大多數人都以為自己在用理智說話，卻忽略了潛意識才是真正主導關係的力量，真正主導我們的行為與反應。潛意識靠情緒記憶在運作，當溝通一再連結到傷害、壓力與衝突，它就會自動想逃。

很多人來到我的一對一諮詢中，最常說的一句話是：「我不知道為什麼，我就是會那樣說、那樣做。」

這正是潛意識在作主。潛意識不像邏輯思考那樣理性，它靠的是情緒的記憶與反射，它的本能是：**追求快樂、逃離痛苦。**

而當一段關係裡的「溝通」常常連結的是負面和情緒崩潰，那潛意識自然會自動想要逃避這段關係。

這也是為什麼很多人越想經營感情，關係卻越來越疏離——因為潛意識覺得溝通等於受傷，愛等於壓力。

真正要改變關係，不只是「講話換句話說」，而是**讓潛意識重新連結「溝通＝快樂」的感受**。

當你願意溫柔地說出自己的感受，不批判、不強求，只是誠實地分享自己的內在，對方才會卸下防備，也才能開始靠近。

潛意識的力量遠超乎我們想像，當它認定「說出感受」是安全的、是舒服的，是能讓關係更靠近的，它才會幫助我們自然地成為一個能夠溝通、被理解、也能創造幸福的人。

所以，真正深的愛，來自潛意識對溝通的重新定義。

不是每次溝通都要解決問題，而是讓每次的對話，都變成彼此靠近的橋樑。

就在小佳最迷惘的時候，透過網路影片找到了我，進行了一次NAC潛意識諮詢。我用一個小時，點出了她最深的盲點。

小佳的潛意識裡，深信「我講的話都是錯的」。這是來自她原生家庭的信念——她總是壓抑自己、迎合他人，深怕被否定。

所以她的溝通方式不是「表達」，而是「詢問」——「那你希望我怎麼做？」這樣的話語，聽起來很配合，實則是一種失去自我的委屈。時間久了，關係裡的壓力自然堆積如山。

潛意識的傷口，會在親密關係中被反覆觸碰，直到我們學會看見它、療癒它。

在【一〇〇分幸福女人學】的課程裡，她重新寫入了一句潛意識的新對話信念：

「表達沒有對錯。」

她開始練習先說出感受，而不是急著解決問題。當她開始這麼做，先生也用不同的方式回應她——開始「聽」她說。

這就是潛意識改變後，溝通頻率的魔法轉化。改變從來不是吵出來的，而是由內而外散發出新的磁場，讓對方不自覺靠近。

顯化提醒：潛意識的頻率決定妳的關係回應。當妳把溝通等同於連結，而非批判，愛就會靠近。

從「我」與「你」到「我們」的蛻變

關係的改善不是一次對話，而是日常每一個微小互動的累積。

有一次，小佳鼓起勇氣跟先生說：「老師建議我們每天花五分鐘做一件讓彼此放鬆的事。」

他冷冷地回：「我沒心情。」

那一刻，她幾乎心碎。但也在那一刻，她的潛意識醒來了。她突然明白，原來先生對於「一起互動」這件事，早已無形中與「壓力」畫上了等號。對他來說，「溝通」這兩個字，不是靠近的邀請，而是一種應付、一種責備的預兆。

小佳回想起他們過去所有的爭執與冷戰，才理解為什麼他會逃避這個提議。於是，她決定做出一個完全不同的選擇——她不再把重心放在「我們要變好」，而是放回「我要先變好」。

她開始每天為自己創造快樂，不是等對方給予，而是自己創造。她會自己去散步、聽喜歡的音樂、吃一頓讓她開心的飯，寫下一天值得感謝的事。

她發現一件事：當妳成為一個快樂的人，對方自然會想靠近妳。

快樂，是有磁場的。

沒想到幾週後，先生開始問她：「妳今天怎麼樣？有沒有什麼事想說？」他開始主動問候、提醒她休息，甚至在她不開口時也會做出行動支持——例如聽到她經過廚房說了句「碗還沒洗」，立刻從沙發跳起來：「我來洗！」

這些改變，不是偶然，而是潛移默化的結果。

當我們從溝通裡撤出攻擊，改變內在的狀態，關係才會開始長出理解的空間。

過去的先生覺得她不成熟、不穩定，對她想要換工作的想法感到焦躁和不耐。但現在，她是一位自由接案顧問，做著自己有熱情的事。

最令人動容的是，她老公變成她最堅強的後盾，不只支持她的選擇，還會溫柔叮嚀她：「不要太累，留點時間陪我聊天。」

她說：「他是我原本的老公，但卻成為現在最支持我夢想的人。」

這個改變，不是奇蹟，而是潛意識對話與幸福溝通法則共同孕育出的新關係。

顯化提醒：當妳的頻率提升，愛會自然移動到妳身邊。

行動挑戰：用「幸福語言」，讓關係更親密

在小佳的故事裡，我也教她一個日常可以運用的溝通策略，叫做「ＷＩＮ表達法」。這個方法不只幫助她整理自己的情緒，也讓她能更清晰、被理解地表達需求。

WIN溝通法（溫柔又有力的溝通方式）

W —— What happened（發生了什麼事）：先描述事實而不是情緒或指責。例如：「昨天晚上你一邊看電視一邊滑手機，完全沒有抬頭看我一眼。」

I —— I feel（我感覺）：說出當下的感受。例如：「我感覺有些孤單，也覺得自己不被重視。」

N —— Need（我希望）：表達妳的需要，不是命令，是邀請。例如：「我希望我們每天可以有個十分鐘的聊天時間，分享彼此的心情，讓我感覺我們真的有在一起。」

這樣的方式，能讓對方聽到妳的感受與渴望，而不是聽到責備與命令。小佳說她第一次這樣講完後，先生雖然當下沒有回話，但隔天竟然主動幫她準備早餐，還說了一句：「昨天妳說得很對。」

這就是溝通能量開始轉化的時刻。

日常夫妻對話的幸福示範

為了讓妳更具體了解ＷＩＮ溝通法如何在真實生活中運作，這裡提供幾個日常夫妻之間的對話情境範例：

情境一：對方晚歸未主動聯絡

✕常見反應：「你到底把我放在哪裡？一點都不顧我的感受！」

✓幸福溝通法：

Ｗ：「你昨天晚上九點多才回家，回來時也沒傳訊息。」

Ｉ：「我那時候其實有點擔心，也覺得自己好像不太重要。」

Ｎ：「我希望下次你晚回家的時候，可以簡單傳個訊息，這樣我會比較安心。」

情境二：對方一整天都在滑手機，不太理人

✕常見反應：「你整天只會滑手機，根本不重視我！」

✓幸福溝通法：

W：「你今天回家後好像都一直在看手機，幾乎沒有跟我說話。」

I：「我有點失落，也想念我們以前會聊聊天的感覺。」

N：「我希望今晚我們可以留個二十分鐘關掉手機，只專注在彼此的對話上，好嗎？」

情境三：想和對方分享內心話，但怕對方不耐煩

✕常見反應：「你根本都不想聽我說話！」

✓幸福溝通法：

W：「我最近內心有些事情很想說，但又怕打擾你。」

I：「我會覺得有點孤單，也想要有個可以說話的空間。」

N：「你什麼時候比較有空？我想找個時間，好好和你分享一下我的感受。」

這些對話看起來平凡，卻能溫柔地轉變你們的互動方式。記住，**妳不需要完美，只要願意開始練習，幸福就會慢慢靠近妳**。

想要被聽見與被懂得，是每個人在關係中最深的渴望。我幫大家總結一下WIN的溝通法，變成一套簡單但實用的【幸福對話SOP】，幫助妳在每一次的溝通裡，播種出更深的連結與理解。

幸福對話SOP：讓對方懂妳的三步驟

步驟一：先說感受，不說對錯

「我有點難過，不是因為你怎麼樣，而是我很在意我們之間的距離。」

目的：讓對方聽見妳的心，而不是聽見責備。

步驟二：再說需求，不用命令

「我很希望我們可以多一點一起聊天的時間，即使是五分鐘也好。」

目的：讓對方知道妳的渴望，而不是感受到壓力。

步驟三：給一個具體的邀請，而非控制

「如果你今天有空，我們晚餐後能一起散步嗎？只是走一圈也好。」

目的：讓對方有選擇與參與感，而不是義務與服從。

小提醒：

- 說感受時，不要說「你讓我難過」，改成「我感覺難過」。
- 說需求時，先問自己：「我真正想要的是什麼？」
- 說邀請時，尊重對方的節奏，給出空間更容易換來靠近。

試著每天做一個「幸福語言練習」：

- 表達一個自己的感受：「今天我覺得有點累，但也很踏實。」

・欣賞對方一句話：「謝謝你今天接孩子，讓我感覺很安心。」
・問一句關心的話：「你今天開會還好嗎？」

重點提醒：
・不用等對方回應，只要誠實表達就好。
・不要批評、比較、命令，單純說出你的心聲。
・每天堅持三分鐘，也是一種創造幸福的力量。

小佳說：「我沒有換老公，但我換了一種對話方式。我們的關係，真的重新開始了。」

關係不是找一個完美的人，而是找到一種讓彼此都感到被懂、被愛、被支持的溝通頻率。妳也可以學會，讓對方真正「聽懂」妳。

如果妳現在在關係中覺得受挫、迷惘、想放棄，請相信：妳不是沒救了，也不是對方太難搞。有時候，一段關係只需要一個人先做出改變，就有機會帶動整個互動的轉變。

就像小佳從潛意識開始調整自己，現在，她活在老師說的幸福日常裡，有一個體貼、主動、支持她的伴侶。而這個幸福，是她自己走出來的。

妳也值得幸福。不要將就，這一刻，可能就是妳人生開始變得更好的轉機。

顯化提醒：妳的話語若傳遞出尊重與真心，潛意識會認定「溝通＝靠近」，愛就會自然靠近妳。

下一章，我們將進一步探索：如何改變你們之間的相處方式，讓另一半越來越愛妳，而不是越來越遠。

因為幸福的溝通，是一場雙向奔赴的旅程。

第十二章

改變溝通方式，讓另一半更愛妳

我們總以為感情的靠近是靠付出、靠磨合，卻忽略了一件更深層的事——你是一個什麼樣的人，決定了關係的品質。

很多人會說：「我已經說過了，他怎麼都聽不懂？」但他聽不懂的不是你的話，而是你們的頻率不一樣。

「當你成為快樂的人，對方自然會想靠近你。」

妳的溝通習慣，決定了關係品質

我們總以為自己已經把最好的給了對方，卻常常換來一句：「妳根本不懂我。」這不代表我們不愛，而是我們習慣用自己的方式去表達愛，卻忽略了對方接收的頻率可能完全不同。

心理學家理查・班德勒曾說過：「愛情的品質，不在於你有多愛對方，而是對方是否感受到你愛他。」

有個小故事，我經常在課堂上分享：

一位先生每天早上努力地榨柳橙汁，他自己也非常愛喝。但他總是捨不得喝，因為太太對他很重要，所以每次都把那杯心愛的柳橙汁端給太太。連續五天，他都這麼做。直到第六天，太太突然生氣地喊：「你根本不在意我？難道你不知道我最討厭的就是柳橙汁，我喜歡的是蘋果汁！」

這個故事說明了一件事：很多時候，我們把自己認為好的、重要的東西給對方，卻沒發現對方根本不需要這些。溝通常常變成「我努力愛你，但你不領情」，因為我們都是用自己的視角在溝通。

我經常問學生兩個問題：

・妳認為溝通時應該用對方能聽懂的方式，還是用自己喜歡的方式？（答案通常是：對方）

・那妳實際溝通時，是用對方的思考方式，還是自己的？（答案幾乎都是：自己的）

這就是人們在溝通中產生的平行線——總是說著自己的語言，卻希望對方全懂。

【四能量天賦溝通系統】（DBTS）

到底該怎麼「用對方的方式來溝通」？

我在十年前接觸到【四能量天賦溝通系統】（簡稱DBTS），這是一套只要二分鐘就能了解對方特質的工具，幫助我快速掌握對方的溝通邏輯。從那以後，我在數千人的互動與諮詢中印證了這個系統的實用性——不再需要猜，反而更懂得說對方聽得進去的話。

DBTS測驗結果的第一個數字，代表發電機；第二個數字，代表火焰；第三個數字，代表節奏；第四個數字，代表鋼鐵。

每個能量的分數從〇分（最低）到五分（最高），只要超過三分就代表這個能量顯性明顯。舉例來說，若你的結果是四五三二，代表你的發電機是四分，火焰是五分，節奏是三分，鋼鐵是二分。你的主要能量是第二個數字火焰（五分），也就是火焰型天賦。

請記得：沒有哪一型比較好，每一種能量都只是代表妳天生的溝通特質，沒有對錯、沒有優劣。認識自己與他人的能量組合，能幫助妳設計更對頻的幸福溝通方式。

想要進一步了解妳的天賦特質，請點選下方的測驗連結，開始妳的探索之旅！立即測驗，探索你的幸福密碼！

天賦測驗系統

想像一下，當對方像透明人一樣，妳可以看見他的內在邏輯與在意的重點——是不是溝通就變得更容易了？

我的學員Mobe就是在理解到這一點後，終於掌握住另一半的心，也改變了整段關係。

天賦溝通：用對頻率，讓對方聽得進去

每個人與生俱來的能量特質，決定了他在溝通中最在意的感受與方式。當妳知道怎麼說對方聽得懂的語言，關係才會真正產生連結。我們來簡單介紹【DBTS四能量】的基本特質與溝通方式。

DBTS四種天才伴侶溝通指南

發電機型伴侶：創意型

你身邊有個靈感大師嗎？總是腦洞大開，但一成不變就讓他枯萎？

- 核心特質：喜愛創新、思維跳躍、不耐重複、靈感型行動者
- 渴望的是：被支持創造力、擁有自主空間、不被限制
- 最怕的是：被潑冷水、每天重複瑣事、被管太多
- 幸福關鍵：讓他參與創意規劃、一起冒險新活動，尊重他的靈感節奏
- 一句話溝通錦囊：「你的點子好有趣，我們一起來試試看吧！」

火焰型伴侶：社交型

熱情如太陽，總想把愛分享給全世界，卻也容易情緒起伏？

- 核心特質：熱情、外向、情感豐富、社交高手
- 渴望的是：情感交流、關注互動、被理解的感覺
- 最怕的是：被忽略、冷漠回應、無法連結情感

- 幸福關鍵：經常擁抱、深度聊天、一起參加熱鬧活動
- 一句話溝通錦囊：「我喜歡我們在一起的感覺，能多陪我聊聊嗎？」

節奏型伴侶：務實型

他／她就像一棵大樹，穩穩站著。最愛計畫、有條理的生活，也最怕突如其來的變化。

- 核心特質：重視穩定、有計畫、講求實際、慢熟型安全感守護者
- 渴望的是：有條理的生活、可靠的承諾、穩定的節奏
- 最怕的是：臨時改變、沒安全感、事情沒交代清楚
- 幸福關鍵：一起訂下生活規律，給予充足時間適應新變化
- 一句話溝通錦囊：「我已經想好我們下週的計畫，你願意一起來完成嗎？」

鋼鐵型伴侶：分析型

他不善多言，但總是默默分析一切。對細節極度敏感，邏輯是他的愛之語。

- 核心特質：冷靜理性、喜歡分析、內向思考型、重視邏輯
- 渴望的是：清楚溝通、有根據的資訊、獨處空間
- 最怕的是：情緒勒索、不理性爭吵、過度打擾
- 幸福關鍵：用數據或具體例子對話、尊重他思考的空間
- 一句話溝通錦囊：「這件事我整理了幾個可能的選項，你願意幫我分析看看嗎？」

DBTS四型天才的共通幸福法則

當你知道自己與對方的能量類型，就不再需要猜對方怎麼想，而是可以設計一套對頻率的「幸福語言」。

Mobe是火焰型，而她的男友則是典型的鋼鐵型。

她說：「在學習天賦之前，只要男朋友一提高音量，我就沉默。不是因為我沒話說，而是我不想吵，我怕衝突。」

作為火焰人，她極度討厭吵架，重感覺、重和諧，所以當男友大聲表達時，她內在的防衛就啟動，接著是眼淚，然後是逃避。

而鋼鐵型的男友則完全不解：「我只是就事論事，妳為什麼都不照我說的做？」

Mobe一度覺得男友很無情、不體貼。有一次，她反問對方：「為什麼偏偏要在我最開心的時候跟我吵？你就不能挑個好時間說嗎？」

他也生氣：「我以為我們可以直接溝通，妳怎麼這樣玻璃心？」

這樣的場景，一再重演。直到她上了【一〇〇分幸福女人學】的課程，學會了天賦溝通，她才意識到：**不是誰對誰錯，而是天賦頻率不同。**

她開始學著在男友發脾氣後，先不入戲、不自責，而是溫柔地問：「你這麼生氣，是不是因為你在意我太累？」

男友愣了一下，然後點頭：「對啊……但我不知道怎麼講。」

她說：「以前我為了在他父母眼裡表現很好，一到他家就把家事全包起來做。我都做得累的要死，結果他不但沒有說一句感謝，還說沒人逼妳，幹嘛做得那麼累。」Mobe一聽之下很生氣，索性甚麼都不做。結果男友又抱怨她怎麼變得那麼懶，甚麼事都不做。

直到她學習了【一〇〇分幸福女人學】的課程，了解到原來自己和男友的天賦相反。有一天她要切水果的時候，男友表情嚴肅地說：「妳不要切，我來切就好了。」要是以前，Mobe心裡會想著：「他是不是覺得我什麼都做不好，才叫我不要切。」但是經過學習的Mobe開始可以了解鋼鐵男友的用心，問他：「你是不是怕我切到手，所以想要幫我切。你真的好體貼喔！」看著抓著頭傻笑的男友，她也開始瞭解鋼鐵男友表達愛的方式了。

她才明白，原來「一味用自己認為的對他好」不是關係幸福的答案。那一刻，她做出一個決定：「我要練習找到平衡，而不是只會從一〇〇（甚麼都做到）到〇（甚麼都不做）。」

她從極端的〇或一〇〇，轉變成五十：五十的中庸共創。現在她學會了用問問題的方式帶動對話：「你今天想不想一起整理房間？還是我先做一點，你幫我倒垃圾？」這樣的互動讓男友不再反感，反而開始主動參與。

當妳能說出對方聽得懂的語言，感情就能進入協作的頻率。

尊重差異，不用自己的語言愛對方。

讓對方感到安全與被看見，是幸福的起點。

共同設目標，一起創造彼此的理想關係藍圖。

幸福不是一個人演兩角，而是懂得共演

Mobe曾經把「照顧好對方」當作幸福的保證。

她說：「我只要做得多一點，他就會更愛我吧。」

但愛不是做越多越好，而是讓彼此自在做自己並且都有參與的空間。

現在的她學會了停下、傾聽，也學會了邀請與感謝。

她說：「我沒有變成別人，我只是把真實的自己說出來，然後讓我們一起成為更好的『我們』。」

行動練習：觀察對方的天賦能量，學會用對頻率的語言溝通

這一週，請你嘗試完成以下三個步驟：

一、前往四能量測驗連結，了解自己與伴侶或親密對象屬於哪一種能量類型。

二、根據他／她的天賦能量（發電機／火焰／節奏／鋼鐵），觀察對方在生活中在意什麼，喜歡的說話方式是什麼。

三、嘗試在一次對話中，用對方「聽得懂、感覺得到」的語言來溝通。例如：

- 發電機型伴侶：強調「我們這樣做，可以更快完成目標。」
- 火焰型伴侶：「我好喜歡和你聊天的感覺，覺得心裡暖暖的。」
- 節奏型伴侶：「我想我們可以先一起規劃一下，下週怎麼安排比較安心。」

・鋼鐵型伴侶：「這件事我有查了兩種方案，我覺得這個比較合理，你怎麼看？」

這是一個讓妳成為「溝通設計師」的練習。

當妳願意從對方的角度設計語言，就像一把愛的鑰匙，能開啟兩人之間新的理解與連結。溝通不是每天講大道理，而是每天看見生活裡的小愛意。

溝通是可以練習的，幸福也是。妳不需要變得完美，只要願意開始，就能一點一滴改變你們的關係軌跡。

愛的語言，其實很簡單。當妳願意用「對方聽得懂的方式」來說，妳會發現——愛，可以流動得更自由、更自然。

下一章，我們將總結整本書的精華，並帶你一起進入更深的自我幸福旅程。

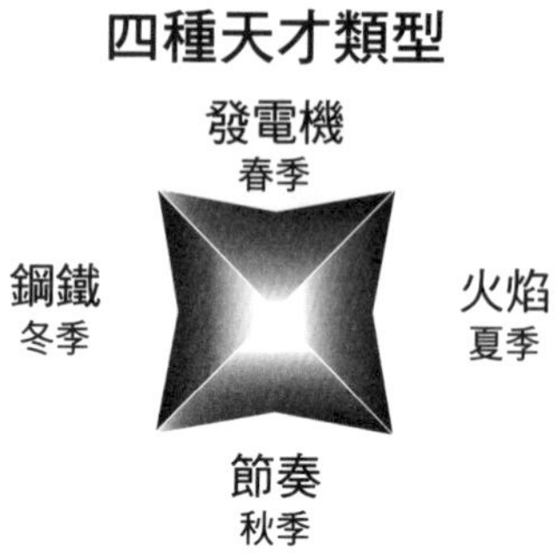

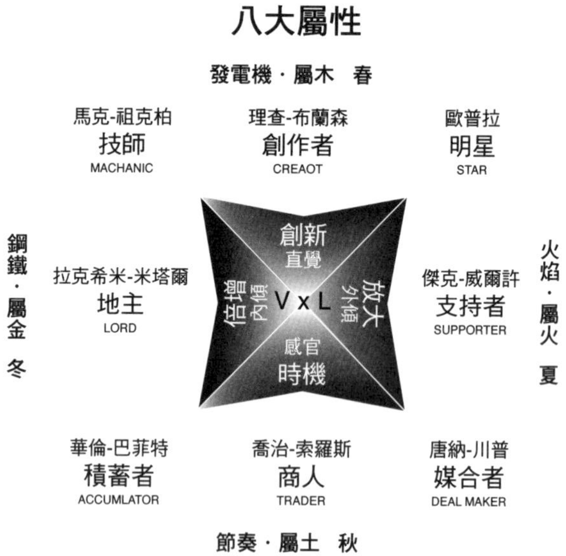

"Talent Dynamics is a registered trademark of Genius Group. The Talent Dynamics Square and profiles are used with permission."

Talent Dynamics 天賦原動力是 Genius Group 的註冊商標。本圖表及相關屬性內容已獲授權使用

第四部

活出豐盛法則：讓熱愛變現、讓金錢為妳工作

很多人以為，工作就是為了賺錢，副業只是備案，成功等於拚命。但在這一部，我想邀請妳，用一種全新的視角——**豐盛法則**（Law of Abundance），重新看待妳與工作的關係、妳與金錢的關係，甚至，妳與「人生使命」的關係。

什麼是豐盛法則？

豐盛法則的核心是：「當妳對齊內在熱愛與價值，資源就會自然靠近。」

很多人以為，要先努力、累積、犧牲，才能獲得回報。但事實剛好相反——真正的豐盛，來自**先對齊頻率，再創造結果**。

也就是：當妳做著妳熱愛的事，當妳的工作讓妳每天都充滿喜悅，當妳用天賦創造價值，那些妳以為遙不可及的收入、機會與資源，會自然而然被妳吸引過來。

這不是理想主義，而是一種活在顯化頻率中的選擇。

第十三章：職場就是遊樂場

這一章，我們從信念開始轉動——妳相信工作只是賺錢，還是妳可以把職場當作靈魂熱愛的舞台？當妳開始相信熱愛與收入可以同時存在，妳會發現工作的能量完全不同。Belle的故事告訴我們：一旦活在天賦裡，連迪士尼都會找上妳合作。

第十四章：找到妳的天賦，讓熱愛變成收入

這一章我們要幫妳拆解「順流」與「用力」的差別。當妳做著不適合自己能量的工作，就算再努力，也只是在原地打轉。但當妳對齊天賦，懂得運用DBTS能量類型（發電機、火焰、節奏、鋼鐵）打造自己的幸福職涯，就能用輕鬆與自信取代焦慮與懷疑。Lita的故事會讓妳知道，找到順流，就是顯化開始的第一步。

第十五章：從副業到天職

當妳的熱愛開始創造影響力，它就不再只是「副業」，而會成為妳的「天命」。我會與妳分享我從一個普通的追夢女孩，如何在對齊使命後創辦【一○○分幸福女人學】，並用Podcast、演講、社群與課程吸引全世界的學生與資源。我們不需要一開始就知道答案，只要清楚「為什麼而做」，宇宙會安排「怎麼做」的路給妳。

第十六章：讓錢來找妳，而不是妳去追錢

妳可能聽過很多理財課程，但妳聽過「財富是快樂的副產品」嗎？塔塔老師用生命證明，從為錢工作到讓錢為妳工作，不只是收入變多，而是生命變得自由。她不再燃燒自己，而是用天賦幫助別人改變金錢信念，讓收入自己流進來。這一章將幫妳解除對金錢的恐懼與匱乏，轉而啟動豐盛的金流。

這不是一本教妳加薪的書，而是陪妳找回財富主權。妳值得的不只是「養活自己」，而是活出妳真正熱愛的樣子，並且讓這份熱愛成為影響世界、也讓金錢主動靠近妳的磁場。

當妳的收入來自妳的喜悅、天賦與服務世界的方式，那份財富，不只是存摺上的數字，而是生命發光的證明。

準備好了嗎？讓我們從第十三章開始，一起啟動妳的豐盛人生。

第十三章
職場就是遊樂場

為什麼熱愛重要？——從賺錢工具到豐盛顯化場

我們每天都花大量時間在工作上。如果每天都在壓力、倦怠或無奈中度過，那麼妳人生將有三分之一的時間處於「失去熱情」的頻率裡。而根據顯化法則，頻率創造實相。當妳長期處在低頻狀態，吸引來的，只會是更多令人感到匱乏與卡住的事件。

很多人對工作的信念是：「工作就是為了賺錢。」但豐盛法則告訴我們：

你相信什麼，就會創造什麼。

當你相信工作只是用來換取薪水，你吸引的將會是一份讓你只剩疲憊與壓力的工作。但當你開始選擇一個新的信念：「我的職場可以是遊樂場，是我靈魂熱愛的舞台」，你會開始用全新的角度看待工作，也會吸引不同的機會、資源與人脈進入你的生命。

我從小就是一個充滿想像力的小孩。雖然不知道「怎麼做」，但我始終相信：「我可以活出這樣的人生。」

我想環遊世界，就進了旅行社；喜歡音樂，就到錄音室當助理；渴望幫助別人，就去教會當傳教士，服務了一年半的時間。我也曾夢想成為大學教授，但那時還不知道我會教什麼。直到我創立了【一〇〇分幸福女人學】，開始教我最熱愛的一門課「幸福」，我真的成為了教授，而且是自己人生大學的教授。這門課程吸引來自十個國家的學員，全世界成了我的教室。

我還曾幻想過當廣播節目主持人，而現在，我有了自己的Podcast——「小紀老師的幸福學」。

妳知道嗎？這些夢想的實現，不是因為我一開始擁有什麼資源，而是因為我選擇了相信。**我相信：即使什麼都沒有，只要心中有信念與熱愛，就能顯化出我要的世界。**

這一章，我將帶妳一起回到靈魂深處，找回妳與生俱來的熱情與豐盛。

因為熱愛，不只是理想主義，它是妳人生最強大的導航儀；而信念，就是妳打開職場顯化大門的鑰匙。

如何找到妳靈魂熱愛的事？

熱愛，不是憑空而來的靈感閃現，而是生命早已留下的線索。

我們每個人心中，其實早就藏著一顆熱愛的種子，它曾在童年遊戲裡，在學生時代最投入的時光裡，甚至在妳看到別人成功時，內心那抹悸動裡出現過。

找回它的第一步，就是靜下心來問自己三個問題：

- 有什麼事，是我做了會忘記時間的？
- 有什麼事，是別人常來找我幫忙的？
- 有什麼事，是我做了會由內而外感到快樂的？

這些問題，就是妳的豐盛導航儀。

而當妳開始行動，哪怕還沒有回報，宇宙已經在為妳聚集資源。**因為，熱愛就是頻率最高的顯化能量。**

我當初創立【一〇〇分幸福女人學】時，根本沒預期多少學生、會不會賺錢，只知道：我熱愛幫助女人活出幸福。我熱愛研究潛意識、設計轉化歷程，這就是我每天早上醒來，熱情滿滿迫不及待想去做的事！

妳也可以從以下幾個線索中，回溯妳靈魂的熱情：

- 童年最愛的遊戲
- 學生時代最拿手的科目
- 妳最羨慕的工作者

這些，都是妳靈魂記得的熱愛密碼。

妳的天賦在說話

有些人天生喜歡說話、連結他人；有些人擅長分析規劃；也有些人能深深感受他人的情緒……這些，正是豐盛的根源——**妳的天賦，就是宇宙放在妳身上的禮物，用來創造價值與影響力。**

我的學生Belle剛認識我時，是一位懷孕中的YouTuber，當時一篇業配只有幾千元。因為童年陰影，她潛意識深怕生產會危及生命。我陪她進行潛意識調頻，讓她從恐懼走向夢幻生產。結果，不只她的孩子超穩定，她產後四十五天穿回牛仔褲，育兒也輕鬆愉快。

更重要的是，我們一起分析她的天賦後，發現她是發電機偏火焰，非常適合做品牌與創作。她開始結合自己的故事與價值觀，打造她真正熱愛的內容。

結果，她的業配報價和數量都成長五倍，還吸引到香港迪士尼的合作邀約——那正是她顯化清單中的夢想之一！

她說：「老師，我每天都覺得自己在發光。原來，我真的可以活出自己。」

這就是豐盛法則的展現：**當你活在天賦裡、做著你熱愛的事，整個宇宙都會為你讓路。**

工作與生活的平衡新思維

我們總以為平衡是一場「時間管理」的戰爭，但豐盛法則告訴我們，真正的平衡，來自內在能量與價值的一致。

當妳的內在價值與外在選擇是對齊的，妳會發現：能量不再耗散，而是自然流動。

妳可以從認識自己的價值觀排序開始。

每個人心中都有潛在的核心價值，有人最重視自由，有人在乎歸屬，有人熱愛學習或幫助他人。但當我們做的選擇違背了最核心的價值，生活就會開始卡住，顯化出來的，也往往是內耗與疲憊。

例如，一個重視自由的靈魂，如果被困在沒有彈性的職場環境裡，再高的薪水也無法換來幸福感，因為這不是她的「頻率對齊點」。

平衡，不是把所有事都做好，而是有意識地去選擇：「什麼才是我真正想要的豐盛？」

哪怕每天只為自己保留十分鐘，那都是對宇宙發出「我值得」的信號。

如何在現有工作中找到樂趣

快樂工作，不一定要換工作，有時只需要換一種「看工作的頻率」。

我們的一位節奏型學員，在公務體系上班多年，一開始覺得自己的工作是枯燥乏味的流程機器。但在學習能量溝通與天賦覺察後，她發現自己其實擁有敏銳的觀察力與穩定支持的天賦。

她開始練習傾聽同事的情緒，溫柔地協助解決部門的衝突與卡點，慢慢地，她成為部門中最受信任的潤滑劑。

她跟我說：「我現在做的事跟以前一樣，但我看待它的方式變了。我開始把每一天當成在練習幸福。」

這就是顯化力的奧秘：**不是現實先變，而是你的眼光先變，現實才會回應。**

規劃你的理想職涯藍圖

我常說：「人生不是直線，而是一場彎道中的創造。」

妳此刻的卡關，不代表妳不夠努力，也不代表妳選錯路，而可能只是：妳還沒開始設計出屬於妳靈魂版本的藍圖。

根據豐盛法則，宇宙是回應「清晰的意圖」的。當妳越清楚想要的畫面，頻率就越強，資源與人脈就越會靠近。

所以，請開始這三步：

一、認識妳的天賦與熱愛

二、勾勒三年後最理想的自己

三、現在，就種下一顆行動的種子

妳不需要一步到位，妳只需要一直在路上。

小提醒：世界不是需要更多上班族，而是需要更多熱愛生活、用心工作的人。

當妳活出熱情，選擇對齊信念，願意為自己種下夢想的種子，那一刻，豐盛已經開始發芽。

當妳願意在職場中選擇熱愛、活出天賦，世界就會把舞台搭好，只等妳上場發光。

第十四章

找到妳的天賦，讓熱愛變成收入

妳的天賦，才是妳最大的財富

我們常以為「努力」就是成功的關鍵，但其實，**用對地方的努力**，才能真正顯化出想要的結果。而什麼是「對的地方」？答案就藏在妳的**天賦**裡。

天賦不是後天練出來的技能，而是妳天生就擅長的事。它可能不明顯、不被大聲誇獎，但它總在妳輕鬆投入時發光發亮，是那種妳做起來毫不費力，卻讓別人驚嘆的能力。

我曾經在新竹科學園區任職，一邊摸索方向、一邊努力嘗試。從採購轉到行銷行政，雖然工作都能輕鬆上手，但我發現，比起文件，我更喜歡跨部門溝通——幫助部門解決衝突、促成協作，這讓我感到真正的滿足。

直到公司接到一筆關鍵的OEM訂單，總經理希望我接任資材部主管，主導出貨專案。產品交期原本需六個月，而我們只剩三個月。面對這樣的挑戰，我答應了。因為我想：**如果這是我的公司，我絕不會讓到嘴的鴨子飛了。**

我快速組建部門、親自面試、放對人到對的位置，建立高效系統與協作節奏。雖然從沒做過這麼大的項目，但我卻**自然而然知道該怎麼整合團隊、創造成果。**

八個月後，我帶領的部門成為公司績效第二，成功完成客戶出貨，為公司創造每年二億元營收。

直到後來接觸【天賦原動力系統】，我才明白：原來我是支持者類型的天才，擅長整合團隊與激勵成員——這正是我的頻率，也是我與生俱來的豐盛密碼。

當一個人活在自己的天賦順流裡，對自己來說只是「順手一做」，對別人卻是「難如登天」。而這，就是妳潛藏的黃金價值。

妳不必成為某種模範或典型，妳只需要對齊自己的天賦，熱愛與收入就會開始向妳靠近。

我的學生Lita是一位商標專利師，曾一度在職場感到卡關與壓抑，懷疑自己不夠正向、不夠努力。直到她做完天賦測驗並接受一對一的諮詢，我們才發現她是「明星型」的天才。她天生喜歡表達、被看見、與人互動，而原本的工作卻要求她長時間獨自埋首文件中。

當她鼓起勇氣轉換跑道、進入主持與品牌營銷領域後，不僅靈感源源不絕，連收入與能量都大幅提升。最重要的是，她每天都在做讓她發光的事，**把熱愛變成了收入，也把自信變成了日常。**

這就是「順流天賦」與「顯化豐盛」的力量。當妳對齊天賦，人生就像被打開一樣，從努力前行變成自然吸引。

透過天賦能量，打造妳的幸福工作方式

模仿成功者的腳步，是快速、安全抵達成功的捷徑。但妳可能會感到困惑：為什麼有些成功人士強調創新與大膽冒險（如賈伯斯），而另一些則強調保守與穩健（如巴菲特）？

其實，他們都對。他們只是屬於不同的天才類型，因此採取了完全不同的成功策略。

所以最重要的不是盲目模仿，而是「模仿對的人」——也就是與妳天賦屬性相近的人。

所有成功的財富創作者都懂得完全專注在最適合他們天賦強項的方式，來創造財富。只有專注在某個賽道上，我們才能脫穎而出。專注投入一個競賽越久，看到的差別就越多，得到的成果會更好，吸引到的事物也會越來越多。

停止操練不擅長的，因為妳花了大量的時間可能只提升到平均值，這樣是無法有競爭力的。如果要勝出，就需要突出，唯有專注在天賦強項的操練才能優於一般水平，讓市場看見妳。至於不擅長的部分，找到對的人來合作。這樣強強聯手，每個人都做著自己熱愛的事，工作效率就會事半功倍。

這也是為什麼我們在認識天賦時，我們用DBTS四種能量來幫助妳認識自己的天賦模式：發電機、火焰、節奏、鋼鐵。每一種都有獨特的優勢與擅長的工作方式，關鍵在於妳要先了解自己是哪一型。

發電機型：樂觀積極，創意無限，擅長推動與影響人。適合創作、設計，是天然的行銷高手或領導推手。

火焰型：天生的外交官，喜歡與人連結，擅長表達與啟發。喜歡在人群中激發能量，適合做講師、業務和領導團隊的工作。

節奏型：溫暖細膩，擅長傾聽與照顧他人情緒，也是喜歡投資累積資產的一群。適合客服、投資、陪伴型職業，讓人感到安心與信任。

鋼鐵型：邏輯清晰、擅長分析與系統規劃。適合做策略、規劃、數據與執行面向的專案管理。

操練天賦，開啟妳的斜槓印鈔機

天賦若只是了解，而沒有轉化成價值，那仍只是潛能。但當妳開始「用天賦創造價值」，妳就打開了屬於妳的斜槓時代。真正的斜槓人生，不是什麼都碰一點，而是以**天賦為核心，深耕一條熱愛之路，開出多重價值的果實**。

天賦測驗會先幫助妳釐清四大能量類型，但如果妳想精準規劃職涯與財富方向，必須進一步辨識「八大屬性」——因為即使同樣是發電機，走對路和走偏路，結果將天差地遠。

馬克・祖克柏（Facebook創辦人）與歐普拉（國際主持天后）都是發電機能量極強的成功者，但祖克柏是**技師屬性**，靠技術打造平台與系統影響世界，而歐普拉則是**明星屬性**，靠個人魅力與內容傳播觸動全球。

所以妳不只需要知道自己有創造力或外向，更需要知道**妳的天賦屬性到底是哪一種？**

就像我的學生小彤，是一位專業彩妝師。她做了免費版天賦測驗後發現自己發電機與火焰能量都很高，一直以為自己是「明星型」，開始經營個人品牌、自媒體，也做了演講與曝光，但始終有一種說不出的卡關和心累。

後來，她接受完整版天賦測驗，得到十九頁報告書與一對一的諮詢，才發現——她其實是技師型的天才！她擅長的不是站上台表演自己，而是**建構系統與流程、優化團隊效率**。

我們重新為她規劃定位，建立一套彩妝團隊系統，將接案流程模組化、標準化。不到一年，她從三人小團隊擴編到二十五人，成為接案核派的業主，自己只接喜歡的妝容，其餘由系統自動運作。

她跟我說：「小紀老師，我現在每天都覺得在玩一場遊戲，而且是我設計的關卡，我主動選擇、也主動創造！」

這就是精準定位天賦的力量！

每一種天賦屬性，都是宇宙放在妳靈魂裡的「財富藍圖」。但如果妳不知道它、忽略它，妳可能一再花二到三年時間走錯方向，最後又回到原點懷疑自己。

以下是八屬性對應的斜槓延伸策略：

天賦屬性	適合的斜槓方向
創作者（發電機）	研發創作、設計原創產品、創意課程、NFT創作
明星（火焰／發電機）	拍影片、直播、自媒體經營、品牌營銷、個人品牌、演講、辦活動
技師（發電機／鋼鐵）	架網站、技術顧問、商業模式設計、連鎖複製、SOP模板、線上課程
支持者（火焰）	組團隊、經營管理、當團隊教練或訓練師、教師
媒合者（節奏／火焰）	引薦顧問、經紀人、資源整合師、公關談判、業務
商人（節奏）	投資家、團購經營、生意買賣、客戶服務
積蓄者（節奏／鋼鐵）	理財講師、投資策略分析、社群經營理財內容、財會計帳
地主（鋼鐵）	空間設計顧問、不動產資源整合者、教學平台經營、AI工程師

為何要做完整版天賦八屬性的測驗？

很多人做完四能量測驗後，以為自己了解方向，但仍在職涯上卡關。問題不是你不夠努力，而是你可能模仿錯了人，走錯了頻率不對的路。

不要再用試錯的人生去找答案。**先釐清妳的天賦，才有辦法打造真正對妳有效的斜槓收入系統與幸福職涯設計。**

歡迎立即進行【完整版天賦八屬性測驗】，並搭配一對一天賦解讀，讓我們一起為妳找到專屬的發光舞台。

測驗入口：https://reurl.cc/WAZA2x

ＡＩ×天賦＝十倍放大妳的價值

ＡＩ的時代來了。很多人怕被ＡＩ取代，但其實，**只有迷失自我價值的人才會被取代。**如果妳知道妳的天賦，ＡＩ就是妳最好的助手。

ＡＩ可以幫妳快速完成剪片、寫文案、製作投影片、創作數據模組。妳可以用它加速執行，把更多時間放在「只有妳能做的事」——創造與連結。

像我的學生小詩，是火焰型的媒合天才。她在加工廠做輪班的生產線工作超過十五年，幾乎已經感覺不到生命的熱火了。原本只覺得自己「會聊天」，並不覺得這有什麼特別。但是透過諮詢，我發現她對幫助孩子擺脫霸凌深有熱情，而這也非常符合她的天賦。

我引導她用ＡＩ設計出服務文案，成功走進學校與育幼院進行正向陪伴對話系統，成為孩子們心靈的支持。她說：「我終於知道什麼叫做用自己的光發電，每天都期待醒來，迫不及待想要去為更多的孩子服務！」現在她所做的事不只幫助了很多人，也讓她的天賦變現開始起飛。而這只是起步，當她能夠建立一套轉換孩子心靈的正向對話系統，不僅可以直接幫助到孩子，還可以分享給老師和家長這套系統。而財富的倍增就在妳能提供的價值，**當妳擁有了解決別人問題的解藥時，金錢就會自動來追妳了**。

所以ＡＩ不是障礙，而是放大器。只要妳敢開始，與ＡＩ合作並發揮天賦與熱愛，你就會以快於過去十倍的速度被世界看見。

行動清單：妳的天賦地圖，從這裡開始

行動一：列出三件妳做起來最輕鬆、最快樂、常被誇讚的事。

行動二：回想你在哪件事情中，最容易進入心流與忘我？

行動三：觀察朋友們的天賦優勢，映照自己對價值的理解模式。

行動四：做一次「天賦八屬性測驗」完整報告。

行動五：選擇一項小服務，結合AI工具（Canva、ChatGPT、Notion等），開始妳的斜槓小計畫。

小提醒：天賦不只是用來了解自己，而是要拿來創造價值、啟動豐盛。

當妳開始願意看見自己、允許自己發光，妳會驚訝地發現：原來，妳天生**就值得擁有幸福豐盛的收入人生。**

第十五章

從副業到天職：妳的熱愛，也能成為影響力

每個女人都是一座寶藏。妳的靈魂早就知道自己來這一生，是為了完成某件事。也許妳現在還不確定是什麼，但請相信，妳的生命從來不是偶然。

我從十七歲那年就隱約相信，我的生命有一個特別的目的，有一個我必須完成的使命。雖然當時我並不知道具體是什麼，但我知道只要我不斷前進，一定會找到。

這樣的信念，帶領我走過無數段旅程。旅行社、錄音室助理、代課老師、行銷企劃、外商管理職、業務、全職傳教士……幾乎每一個感興趣的職位，我都勇敢嘗試。因為我相信，只要願意探索、願意體驗，終有一天，會找到那個屬於我、讓我閃閃發光的位置。

為了解決人們的痛苦，我投入大量學習，在自我成長與潛意識領域上花費數百萬元進修。站在萬人的課堂中，看著台上的導師影響著每一位學員，我的心中燃起一個念頭：有一天，我也想用我的方式，影響生命。

就這樣，我從一個想解決痛苦的人，走上了創辦【一〇〇分幸福女人學】的路。我總結了自己多年來的實踐與學習，發展出一套SEED自動幸福的系統，透過線上課程、諮詢與定期QA的陪伴，幫助了超過二千人的幸福之旅轉化、數百位脫單的學員、教練系統遍布十個國家。

這一切的成就，從來不是我一開始就設計好的。我只是跟著內在的渴望，一步步被推著走向使命之路。從學會NAC潛意識調整技術開始，我便展開一○○天免費為一○○人服務的挑戰；接著想著如何一對多幫助更多人，在二○一九年完成了一○○場公益講座。就在這樣的過程中，有人開始預約諮詢、有人想報名課程、有人邀請我演講……幸福設計師的身分，就這樣自然誕生。

二○二○年，我開始了一個想法：因為我從二十四歲想結婚到三十九歲才遇見真命天子，十五年的痛苦摸索，在我找出了潛意識的迴圈後，一○○天不到就走進了婚姻。當我在一對一諮詢看到好多人過去受感情的迴圈數年走不出來，心中萌起想要幫助一○○人脫單的想法，結果宇宙安排了《好女人的情場攻略》主持人路隊長邀請我錄製Podcast，開啟一連串合作與「一○○天吸引理想伴侶工作坊」。我們成立了「搶救靈魂」群組來支持彼此的夢想與使命，一起解決台灣人口負成長的國安危機，幫助更多的人對婚姻有幸福的期盼，不僅可以脫單、還可以幸福久久。

當妳清楚自己「為什麼而做」，內在就會湧現一股超越想像的力量推動妳前行。妳不必一開始就知道所有的「怎麼做」，因為當妳有了清晰的意圖，宇宙會為妳安排合適的人、資源與方法。

真正讓人遺憾的，從來不是沒成功，而是我們往往困在「自己知道的世界」裡，沒有意識到，那只是整個人生的一小角落。生命其實有三個層次：妳知道的事；妳知道但還不會的事；以及妳完全不知道自己不知道的事。只有**當妳願意鬆開對已知的依賴，打開對未知的信任，妳才能連結更大的智慧場，啟動更多創造**力，與宇宙聯手，開啟一條超越眼前、無限可能的生命路徑。

如今，我每天活在顯化的奇蹟中。只要我心中對齊使命，資源與幫助就會準時出現。我相信，這就是讓熱愛成為天職的魔法。

請相信妳自己，也值得活出天命的光芒。

每個女人都是一個寶藏，靈魂早就知道妳來做什麼

我們常以為，人生的目標必須「努力找、努力想」才能找到，但事實上，很多時候，我們真正的使命早已埋藏在我們的靈魂裡，只是還沒被喚醒而已。

當妳看見一件事，眼睛會發亮、心會跳動，甚至願意為它熬夜、無怨無悔地付出時，這就是靈魂的聲音。妳的熱情與天賦，早已悄悄透露出來。

但我們從小的教育與社會價值觀，常常把內在的心聲壓下去。我見過太多聰明、有才華的女人，為了成為「好女兒」、「好媽媽」、「好員工」，把真實的自己藏起來，過著不開心卻無法說出口的日子。

直到有一天，她們發現自己的身體出現了問題、情緒失控、甚至不再對未來有期待，才驚覺：「我是不是忘記了自己是誰？」

如果妳也有這樣的感覺，請妳知道，這不是妳的錯，而是妳正在經歷一個「回到真正的自己」的邀請。

從現在開始，不需要做什麼大事，只要開始留意：

・做什麼事情讓妳感到快樂？
・什麼樣的對話會讓妳忘記時間？
・妳什麼時候最像自己？

這些微小的察覺，會逐漸幫助妳找回與靈魂的連結。

請相信，每個女人的靈魂都知道自己為什麼而來。而當妳對齊了這份召喚，妳的世界，將因此徹底改變。

如何從「為生活工作」，走向「讓工作帶來幸福」

很多人說：「我哪有選擇？我只是為了生活才工作。」這句話背後，其實藏著無數女人的無奈與壓抑。

我們為了家庭、為了孩子、為了經濟，被迫留在一份自己不喜歡的工作裡，日復一日地忍耐著。久而久之，工作不再是滋養靈魂的養分，而變成一種壓力、一種消耗。

但我想告訴妳：**工作，其實可以是快樂的。**

而改變的第一步，是「信念」。

如果妳相信「工作只是賺錢的工具」，那麼每天起床就像要去打仗一樣，心情沈重、步伐遲疑；但當妳開始相信「工作可以帶來幸福」，整個世界也會開始因妳的信念而重新排列組合。

我自己就是最好的見證。從十七歲開始立志要找到自己的生命使命，到如今成為一位幸福設計師，這條路走了二十多年，充滿摸索與挑戰。

但支撐我走過來的，是一個始終如一的信念：

「我的職場就是遊樂場，工作就是遊戲。」

也許妳會說：「我又沒那麼多選擇，怎麼可能換工作？」但真相是，當妳願意從「我該做什麼工作？」轉變成「我想過怎樣的人生？」的那一刻開始，妳的人生軌道，其實已經悄悄在轉動了。

我們不是為了工作而活著，**而是要找到那份「讓妳活著有光」的熱愛，然後把它變成妳的工作。**

而最關鍵的轉變，就是：從「我必須做」，走向「我渴望去做」。

這裡想邀請妳，花一點時間思考這幾個問題：

- 如果錢不是問題，妳最想從事什麼樣的工作？
- 有沒有一件事，是妳一投入就忘了時間、心情特別好？
- 有沒有一個領域，是妳總想不斷學習、探索，甚至樂於分享給別人的？

當妳愈來愈清楚這些問題的答案，妳就愈有能力為自己打造出獨一無二的幸福工作方式。

幸福不會從天上掉下來，**它是源於一個選擇、一個相信和一個行動**。

當妳選擇讓「工作」變成滋養，而不是壓力來源，妳的人生，將會從疲憊轉向喜悅，從忍耐轉向綻放。

那一天，妳就開始真正走上屬於妳的幸福之路。

從「為了賺錢工作」，到「為了使命工作」

很多人一輩子都在問：「我要做什麼工作才能賺到錢？」

但我想邀請妳換一個更深的提問：「如果今天就是我生命的最後一天，我會遺憾什麼沒做？」

對我來說，這個問題在我十二歲看到爸爸過世時就深深震撼了我。因為我不只是想賺錢過日子，我渴望在這個世界上規劃出值得回憶的點點滴滴。於是，我開始不再只是為了收入而工作，而是為了使命而活。

從「為了生活」到「為了使命」，這段旅程看似需要勇氣，但其實，每一個人都可以從一個小小的行動開始。

還記得當時我正在學習ＮＡＣ潛意識轉化技術，我心中有一個強烈的信念：「我不想再讓人經歷像我曾經那樣的痛苦。面對爸爸的離世，產生了無能為力的遺憾！」

於是，我做了一個決定——在一〇〇天內免費幫助一〇〇個人改寫潛意識。那時我沒有收費，沒有商業計畫，只有一顆真誠想幫助別人的心。

結果，意想不到的事發生了。那些被我協助過的人，開始主動介紹朋友來找我，有人詢問我是否能開課，有人邀請我去演講……。我沒有刻意行銷，卻開始自然地「被需要」。

這一切，並不是偶然，而是當妳對齊了內在的使命，全宇宙都會為妳鋪路。

我常常說：**當妳走在使命的軌道上，不是妳在推動事情，而是事情會推著妳前進。**

妳不需要一開始就掌握所有的細節與策略，只要清楚妳的「為什麼」，自然就會找到「怎麼做」。

就像我創辦【一〇〇分幸福女人學】，不是因為我想創業，而是因為我渴望幫助更多女人跳脫痛苦劇本，活出幸福人生。

這個信念，成為我最深的動力來源。

而妳的「為什麼」，也會是妳內在的光。

每個人來到這個世界，都帶著一個火種——那是妳存在的理由。

有些人是為了療癒人心，有些人是為了點燃希望，有些人則是為了傳遞愛與智慧。

當妳開始問自己：「我做這件事，是為了什麼？」妳會從一個「完成任務的人」，蛻變成「創造價值的人」。

這份價值感，會超越收入本身，成為妳每天起床的熱情來源。

那時候，妳不再只是「一個為薪水努力的人」，而是一個「願意為使命付出熱情與生命」的存在。

這一刻，就是從副業走向天職的真正開始。

如何將熱情與專業結合

許多人對「熱情與專業」有一個常見的迷思：以為必須先非常厲害、擁有豐富資歷，才有資格把熱情變成職業。

但事實上，恰恰相反——真正能走得長遠的工作，往往源自於妳對某件事**深深的熱愛。**

而正是這份熱愛，驅動妳不斷學習、持續進步，最終累積出屬於妳的專業。

那麼，該怎麼開始呢？

我為妳整理出「將熱情結合專業」的四個關鍵步驟：

第一步：覺察妳真正熱愛的是什麼

回想看看：妳是否曾經為了一件事，全心投入、不計代價？

是否曾因為談起某個主題而眼神發亮？

當妳做這件事時，會忘了時間，甚至願意自掏腰包去學、去做？

這些，就是熱情的線索。

第二步：觀察妳在這件事上累積了哪些經驗

很多人誤以為自己毫無專業，只是因為沒有意識到過去這些年其實已默默累積了大量的「隱形經驗」。

舉例來說，妳是否經常被朋友詢問感情或人際問題？或妳總是能敏銳察覺孩子的情緒，並安撫得宜？

這些，可能是妳與生俱來的能力，也可能是妳未來專業的種子。

第三步：學會包裝與轉譯妳的價值

將熱情與經驗，轉化為能幫助別人、解決問題的具體能力，就是價值的開始。比如說，如果妳熱愛整理空間，是否可以結合收納知識，發展成居家整理師？如果妳喜歡傾聽與聊天，是否可以進一步學習諮詢技巧，開展陪伴的工作？

當妳能清楚表達「我能為你解決什麼問題」，妳的價值就會被看見。

第四步：透過小小的實踐，開始累積成果

妳不需要立刻放棄原本的工作，而是可以從副業、小型服務、小型分享開始，一步步累積信任與口碑。或許是一場免費講座、一份簡單的電子書、一場真誠的分享會……

只要妳願意讓世界看見妳的熱情，自然會有越來越多人願意走向妳、支持妳、合作妳。

熱情，是點燃人生的火苗；專業，是讓這團火延續不熄的薪柴。

而當妳願意將兩者結合，妳將踏上一條不僅能賺錢，還能帶來深層成就感與幸福感的職涯之路。

接下來，我們將進入這一章的最後一個段落——**如何找到妳的藍海市場，讓妳的熱情真正轉化為影響力。**

找到妳的藍海市場

當妳逐漸將熱情與專業結合，接下來要思考的一個關鍵問題是：「我想服務誰？」誰最需要、最渴望妳所能提供的價值？

這就是所謂的「藍海市場」——不是充滿競爭與比價的紅海，而是一片妳**可以自在發光、被看見、發揮獨特性**的空間。

那麼，該如何找到妳的藍海市場呢？這裡有五個實用的步驟：

第一步：釐清妳的目標客群是誰

妳最想幫助的人是誰？是三十歲以上想要脫單的單身女性？還是三十五歲後希望轉職、重啟人生的媽媽？

請越具體越好。試著描繪她的年齡、性別、痛點、渴望與生活樣貌。

當妳愈清楚對方的處境與需求，就愈能設計出真正打動她的服務與訊息。

第二步：對話過去的自己

其實，我們最適合服務的人，往往就是曾經的自己。

回想那些妳走過的低谷、經歷過的轉折點，有哪些路是妳已經翻越的？哪些困境妳已找到出口？

妳的生命經驗，就是妳最有力的信任資產，也是妳影響力的源頭。

第三步：設計妳的價值主張

所謂「價值主張」，簡單來說就是一句話說清楚：妳能幫助誰、解決什麼問題、用什麼方式做到。

例如：「我幫助想脫單的高敏感女孩，在一〇〇天內吸引理想伴侶，透過潛意識調整與幸福劇本改寫。」

一句話，清楚傳遞妳是誰、為何值得被選擇，也能快速吸引對的人產生共鳴。

第四步：打造妳的影響力平台

找到藍海市場之後，妳需要經營自己的「發聲舞台」。不論是Podcast、Instagram、YouTube、部落格或電子報，只要妳能穩定地輸出價值觀、故事與觀點，自然會吸引到與妳頻率一致的人靠近。

當妳持續真誠地給予，追蹤者會慢慢成為粉絲，粉絲也會轉化為客戶。

第五步：讓天賦與市場對話，創造獨一無二的定位

當妳清楚自己的天賦屬性（例如妳是火焰型的明星角色，或節奏型的細膩商人），妳就能選擇最適合自己的表達方式與服務型態。

別人的成功模式，不一定適合妳。**真正重要的，是找到屬於妳的節奏與風格。**當妳用最自然的方式做熱愛的事，價值與收入就會輕鬆流動。

記住，找到藍海市場的關鍵，不是去追逐「熱門市場」的領域，而是用妳獨特的方式，去做那些妳真心熱愛、也能帶來改變的事。當熱情遇上對的人群，影響力就會自然擴散，而收入與幸福，也會悄悄、不請自來。

第十六章
從為錢工作，到讓錢為我工作

在我輔導了這麼多女性的過程中，我發現一個重複出現的課題：**我們當中有太多人，從小就被教導「要為錢工作」——把錢當作目的，而不是工具。**

但真正自由且幸福的人生，其實是反過來的：**當妳開始做著熱愛的事，讓自己活在喜悅與價值裡，錢自然會開始為妳工作。**

這不是理論，而是我無數學員親身走過的轉化之路。

今天，我想分享一位特別讓我感動的學員——塔塔老師的故事。

她的生命歷程，是從極致的拚命工作、燃燒自己，只為了換取收入，到現在建立起屬於自己的幸福職涯與財富自由。她不只改寫了自己的命運，也照亮了無數人的人生方向。以下，是她的親身分享——

當我開始做靈魂熱愛的事，整個世界都改變了

財富流動的秘密，是：當妳快樂時，金錢自然會來找妳。曾經的我，是那種再真實不過的「為了錢而工作」的人。不管是上班，還是後來創業，我的腦中只有一個目標：賺到我設定的數字。

所以我幾乎是拼命地工作。加班到深夜是常態，每天醒來的第一件事是工作，睡前最後一刻也在處理工作上的細節。甚至連夢裡，都在回應訊息與解決問題。

我學了很多技能，看起來好像很有成就，但實際上，我把自己的感覺、興趣、疲憊全部壓下，心裡只剩一句話：「先撐過去再說，我要趕快賺錢。」

我那時最大的願望，不是環遊世界，也不是買房買車，只是希望下班時，天還是亮的。假日無法休息，回家也只是執行任務。身體疲憊到失眠，即使喝紅酒、泡澡、吃安眠藥也沒辦法睡。醫生檢查後說我深度睡眠只有六%，意思是：我根本是「假裝在睡覺」。

但我還是撐住了。因為我覺得我不能放棄——我的員工是朋友、包裝部是媽媽與阿姨，她們的幸福也繫在這份工作裡，我怎麼可以說走就走？

那段時間，我練出了「用勞力換收入」的肌肉。一直到二十七歲，我存下了人生第一個千萬。那時我才敢問自己一句話：「我真的還想繼續當執行長嗎？我真的快樂嗎？」

答案是：**我不想了。我想讓錢來幫我工作。**於是我開始進入投資領域，打開「財商腦」的新世界。

因為有創業歷練，我對風險評估、商業模型、投資邏輯有很強的直覺與判斷力。這些能力，讓我從過去那個「一直為錢奔跑」的人，轉變為現在這個「懂得讓錢為我工作」的自己。而這樣的轉變，也徹底改寫了我的人生品質。

我常常回想，兩次創業的差別簡直是天與地：

第一次創業，我拼命賺錢，雖然很快就破千萬，但我活得像機器人——失眠、內耗、紅字身體，連急診都準備了一個「應急包包」。

現在的創業，我每個月大概只花四十%的時間工作，但**每單位時間的收入**

卻比以前更多。我有時間睡好覺、陪孩子、陪家人旅行，也可以去做我真正熱愛的事。我不再只是賺錢的人，而是真正**活得像自己**。

我現在的工作，我從來不稱它為「工作」。我說，它是我的**人生願景**。

一切的轉折，來自我走進【一〇〇分幸福女人學】的學習。那是我第一次真正問自己：「我的天賦是什麼？我的靈魂渴望什麼？」

我才發現，原來我累積的財商能力，其實可以成為一套教學系統，幫助更多人解除金錢焦慮，重拾對生活的掌控權。

當我開始開設線上課程時，我充滿快樂與熱情。把我這些年的經驗與**Knowhow**轉化成清晰的教學工具，看著一個個迷茫的人眼神逐漸明亮，我就知道：**我做對了事，也走對了路**。

我常常說：「我的交，是交付的交，也是教育的教。」

宇宙給我的資源與智慧，不是讓我藏著用，而是要**交付出去、啟發更多人**，幫助他們活出自己真正想要的樣子。

我印象最深刻的一位學員，在上我的課之前，月薪將近四萬，這個數字她領了整整九年，完全卡住。但就在開始學習之後，她整個人生開始轉動——第一年，她的年薪從四十萬跳到七十萬；第二年，更躍升到一百二十萬！她用兩年的時間，把自己從一個「收入卡死」的狀態，翻轉成擁有三倍收入增幅、明確人生方向的女性。

她說，她從沒想過自己可以賺到這樣的數字。但更重要的是，她不再「靠運氣等加薪」，而是「靠智慧與選擇，創造自己的收入」。

像這樣的故事，並不是唯一一個。我還有很多學員，在上完我的課之後，不只賺到了從沒想過能賺的錢，更重要的是，他們對「錢的掌握感」變得紮實又清晰。他們知道怎麼看投資、怎麼做選擇，知道自己該走哪一條路。

這些成績，不只是數字，而是代表他們終於找回「能靠自己創造幸福的能力」。

每一次看見她們因為我的課而變得有選擇、有力量、有信心，**我就越來越確定：這就是我存在的價值。**

讓工作帶來的幸福，是什麼樣子？

因為我做著靈魂熱愛的事，我真切地擁有了這些幸福：

- 工作就是天賦在發光
- 教課不是負擔，而是享受
- 自信感與日俱增
- 孩子看見我的榜樣
- 與孩子的關係更親密
- 財商從小植入孩子心裡
- 家庭有更多笑聲與光
- 自由不再是奢侈品
- 工作不再綁住我，而是幸福牽引我前行

幸福，是連孩子都看得見的光

最讓我感動的是，**這份幸福不是我一個人享受**，而是我的孩子也看得見。

我可以在線上工作，每天陪伴他們、傾聽他們、關心他們的學習與生活。他們看見我站上舞台領獎、看見我帶著他們旅行、做公益、服務世界。他們從我身上學到什麼是價值、什麼是財商、什麼是「帶來光的工作」。

他們也學會了，真正的自由不是亂跑的自由，而是清楚選擇的自由。

我想留下的話

我曾經燃燒自己，只為換錢；現在，我微笑時，錢自己靠近了。

真正的自由，不是「不用工作」，而是**做著靈魂熱愛的事，錢也來了，孩子也學會了，而我，也終於活得像我自己。**

我相信塔塔老師的生命蛻變不是一個特別的個案，每個人都是天才，也有一個屬於你的人生使命等待你去發掘。現在就試著靜下心來想一想：

- 妳現在的工作，是妳真正熱愛的嗎？
- 妳對錢，是掌控它，還是被它推著走？
- 如果有一天，妳也能像塔塔一樣，做著靈魂熱愛的事，同時讓錢自然流進來，那會是什麼樣的生活？

拿出紙筆，寫下妳現在對「工作」與「金錢」的感覺與信念，這會幫助妳看清自己目前所處的位置。

但妳可能會遇到這些挑戰：

- 我有熱情，但不知道怎麼變現
- 我怕沒人買單、沒收入，怎麼辦？
- 我想改變，但又擔心失敗

這些掙扎，我的很多的學員都曾經歷過。自己想，常常會卡住；但有人陪妳走，就會走得快、走得穩、走得遠。

這正是我創立【一〇〇分幸福女人學】的原因。

在【一〇〇分幸福女人學】中，我們不只是給妳工具，更是陪妳一起破除信念枷鎖、釐清天賦方向、打造屬於妳的幸福職涯與財富藍圖。

不是每個人都注定只能為錢工作，妳也可以成為那個讓錢為妳工作，讓孩子看見妳閃閃發光的媽媽、女兒、女人。

如果妳準備好，讓金錢成為自由的橋樑，而不是壓力的繩索，歡迎妳加入我們一〇〇分幸福女人遊樂園，一起踏上讓靈魂發光、財富自然流動的幸福旅程。

第五部
妳的潛意識，正在說誰的故事？

妳是不是也曾經很努力，想改變人生？上了很多課、做了練習，看了不少心靈書，甚至也做了心理諮商……當下好像有感覺、有頓悟，但日子一過，還是忍不住陷入懷疑、討好、焦慮、無力。明明做了這麼多，為什麼還是卡住？

不是妳不夠努力，而是——

妳的潛意識，還在說著舊的故事。

那個故事，來自妳從小耳濡目染的恐懼、原生家庭的範本、還有那些妳曾經默默承受卻沒來得及釋放的傷。

很多人拚命想改變，但其實——

人，是無法活出超過自己潛意識設定的結果的。

就像一齣戲，就算換了舞台、換了服裝、換了搭檔，只要劇本沒變，演的還是同一個結局。就算妳試著改寫對白、重新扮演角色，只要那齣戲的核心劇情沒換，最終還是會回到原點，痛苦、匱乏、被忽略、感情裡的受傷模式，輪迴重演。所以，真正的翻轉，從來不是「修改舊劇本」，而是——

寫一齣妳自己定義的幸福新劇本。

這就是我創立【一〇〇分幸福女人學】的原因。我見過太多女人，歷經斷崖式的分手、先生外遇的背叛，甚至陷入金錢的黑洞與失控的情緒漩渦。她們來找我諮詢時，我總會問：「那妳心中真正的幸福是什麼樣子？」很多人一愣，說不出來。不是因為她們不想幸福，而是從來沒被教過可以怎樣設計人生。

從小我們最常聽到的話是：「不要這樣做、那樣危險、先保護自己。」家裡的溝通，往往不是溫柔的對話，而是責罵、命令、情緒勒索，甚至是「為妳好」的要求。

但父母不是不愛我們，他們只是沒學過更好的方式。他們只是複製了自己的父母怎麼對待他們的方式。他們以為，責備是激勵，控制是保護，恐嚇才有力量。於是我們也在這樣的氛圍裡長大，漸漸習慣了「愛是痛苦」、「親密關係就是犧牲和壓抑」。

久了，痛苦就成了一種熟悉的安全感。而幸福，反而變得陌生又難以相信。在這樣的環境裡長大，我們自然會啟動一套「防禦模式」的人生。自動運作的，不是幸福的導航，而是痛苦的循環。

我們花了一輩子修復，卻沒學會設計。我們努力脫離舊有劇本，卻沒有新劇本可以承接未來。

什麼是SEED模型？

我花了三十年的時間，不只是療癒自己，更是一點一滴打造出這套「**自動幸福系統**」。這不只是方法，而是一條讓潛意識重新啟動幸福設定的道路。

妳不需要再「靠意志力硬撐」，而是可以在一〇〇天內，用科學、溫柔、有步驟的方式，讓幸福變成妳的「預設選項」。

這套系統的核心就是——**SEED模型**。四個步驟，帶妳一步步種出妳值得的幸福人生。

S——Subconscious 潛意識對齊

人生的九十％都被潛意識主導，妳以為是命運，其實只是被沒看見的內在信念影響。

這一步，我們會溫柔地走進潛意識，幫妳看見那些一直默默影響人生的「舊設定」，學會與內在的力量合作，而不是對抗。

E —— Eye to See 有所覺察

妳的情緒，是潛意識在說話；妳的關係模式，其實是內在劇本的投射。

這一步，妳會學會看見那些從沒被留意過的訊號，從情緒、行為到選擇的背後，重新認識真正的自己。

E —— Empowered Seed 播種幸福種子

幸福不是一蹴可幾，而是每天一%的選擇累積。

這一步，我們會教妳如何用一點點行動，在潛意識裡種下新的信念與故事，讓幸福不再只是口號，而是開始被潛意識「相信」。

D —— Dream Alignment 對準幸福願景

潛意識無法處理「不要」，它只能追隨妳專注的方向。

這一步，妳會學會如何把注意力從恐懼、失敗、匱乏，轉移到妳真正渴望的人生藍圖，讓夢想與內在設定對頻，自然吸引幸福發生。

這不只是教妳怎麼愛自己、怎麼經營關係、怎麼找熱愛的事做，而是讓妳的潛意識自動開始支持妳過上一〇〇分的人生。

如果妳願意，SEED模型會帶妳，一步步把「我不行」變成「我值得」。

這一部，就是我想陪妳走的關鍵轉折。從覺察到選擇，從解除過去的痛苦設定，到種下一顆全新的幸福種子。

這一次，不再只是療癒，而是創造。不再只是「為了不要再痛」，而是「為了活出我真正想要的樣子」。

這一部，是妳與潛意識重新對話的開始，是我們一起，改寫故事、種下未來的地方。

第十七章

幸福是可以練習的：打開妳的自動幸福系統

妳是否也有過這樣的經歷？

努力改變，卻總在原地打轉。買了書、做了練習、參加課程、看了心理諮商，當下好像有用，但一回到生活裡，還是忍不住討好、懷疑、害怕、不安……

妳不是不努力。妳只是，一直在用**舊方法試圖創造新人生**。

這是我過去的狀態。從二十四歲到三十九歲，我整整走了十五年感情迷路的長路。直到我徹底理解「潛意識」的力量，並透過一套有系統的方式改寫它，我才在一〇〇天內遇見了現在的靈魂伴侶。

這一章，我要跟妳分享，我是怎麼走出來的，還有這些年來我陪伴二千多位女性脫單、修復親密關係、重建自信的關鍵方法。

這套方法，就是——**SEED自動幸福系統**。

為什麼妳過得那麼努力，卻還是不幸福？

因為，**妳的潛意識，還在說著舊的故事。**

許多女人以為，是自己「不夠好」才無法幸福。但事實上，不是妳不夠努力，而是——**妳的潛意識，正在反覆執行一個舊劇本。**

這個劇本，從妳童年時就開始編寫。也許是爸媽的一句話、老師的一個表情、某次被否定的經驗……。那時候妳還小，沒有判斷能力，只能把那些創傷變成「我不夠好」、「我不值得被愛」的內在程式。這些潛意識的設定，會默默主導妳的情緒、選擇與關係。

所以，真正的翻轉，不是「知道怎麼做」，而是——重新設計妳潛意識的導航系統。

自動痛苦系統，如何悄悄掌控妳的人生？

我想跟妳說一個真實的故事。

我的學員Candy在一次課堂上的Q＆A中說：「老師，我很怕在人群中被看見，尤其是在約會時，我常常無法自在展現自己。」

我問她：「當妳感到害怕被看見時，心裡是什麼感覺？」

她說：「會覺得很沒有自信，好像我出現就是錯的。」

我繼續問：「這樣的感覺，妳最早是什麼時候開始有的？」

她沉默了一下，突然眼眶紅了。

她說：「我想起來了。幼稚園畫畫課時，我開心地完成了一幅畫，拿去給老師看。結果老師當眾撕掉那張畫，說我畫得不好，叫我重畫。」

那一刻，她的潛意識寫下了一條程式：

「不要表現自己，否則會受傷。」

這條設定，從此默默運作。她不再主動舉手、不敢參加比賽、不想站上台，甚至在感情裡，也習慣「躲在角落看別人幸福」，卻不相信自己配得。

這就是自動痛苦系統的運作方式：為了保護我們不再受傷，潛意識會自動避開所有「可能讓我被拒絕」的場景。但同時，也剝奪了我們追求幸福的勇氣與能力。

用SEED系統，打開妳的幸福導航

SEED是我這些年陪伴上千名女性改寫潛意識後，整理出的一套自動幸福系統。這不是快速通關的心靈雞湯，而是一個溫柔、科學、系統化的過程，幫助妳重寫內在劇本，在一〇〇天內啟動「我值得幸福」的新設定。

SEED自動幸福系統的四個步驟如下：

S—Subconscious 潛意識對齊

妳必須先看見：妳真正的卡點，不是事件，而是**事件背後的信念**。

我會帶妳回到那個受傷的時刻，看見當時內在寫下的語言與情緒程式。

像Candy，我帶她重新回到那個畫畫課的畫面，並改寫成一個正向經驗：她把畫作拿給老師，老師微笑地說：「妳畫得好棒，我很喜歡妳的用色！」

在冥想裡，我讓那個受傷的小女孩，被愛、被看見、被抱起、被肯定。

這不是幻想，而是**潛意識再建構**的第一步。

E—Eye to See 有所覺察

接下來，我會帶妳觀察生活中反覆出現的情緒、行為與關係模式。因為這些模式，其實就是潛意識「劇本」的重播。

例如我的另一位學生Winnie，離婚後一直在關係與職場中覺得「沒人尊重她」。我請她舉例。她說有同事要她傳資料時沒說「請」，她就覺得被冒犯。但這其實是她的潛意識**過度解讀**，因為她從小在媽媽嚴厲控制下長大，很在意他人語氣與態度。為了不被控制，她變得容易對「指令式溝通」反感，甚至會控制別人「應該怎麼說話」。

我讓她看見：她想逃離掌控，卻又活成另一種控制。

這種**潛意識的回音模式**，一旦覺察，就有機會終止。

E — Empowered Seed 播種幸福種子

發現模式後，我們不能只停在「知道」，還要開始「每天做點不一樣的事」。例如：

- Candy開始每天對鏡子裡的自己說：「我值得被看見。」
- Winnie練習在對話中，尊重不同的表達方式，先給出尊重，而非期待得到才給。

我稱這些為「幸福種子」：每天一%，每天一點點，讓潛意識開始相信新的劇本。

D — Dream Alignment 對準幸福願景

潛意識最怕空白。如果沒有新劇本，它就會回頭抓住舊有痛苦的設定。所以我會帶妳寫下、看見、感受妳真正渴望的人生畫面。

妳不是為了逃避痛苦而行動，而是為了靠近夢想而前進。就像健身一樣，不是因為討厭肥胖才運動，而是因為渴望健康、自由、活力。

當妳的潛意識開始感受到「幸福原來是這個樣子」，它就會自動調頻，引導妳吸引相應的經驗進來。

幸福不是靠奇蹟，是靠設計與累積

我常說：**幸福不是等來的，是練來的。**

練習愛自己、練習勇敢、練習調頻、練習行動。每天一%，一〇〇天後，就是一個全新的妳。

請妳記得這幾句話，並問問自己：

- 今天我有做一件事，是對我有幫助的嗎？
- 今天我有看見一個過去沒發現的情緒模式嗎？

• 今天我有為自己的幸福，種下一顆新的種子嗎？

這些看起來很小的行為，會慢慢在妳體內建構出「幸福體質」的安全感底圖。

小紀老師的邀請：一〇〇天，改寫妳的幸福程式

如果妳總是覺得：「我是不是哪裡有問題？為什麼幸福總是不屬於我？」我要告訴妳——妳沒問題，妳只是還在舊的劇本裡。

但妳可以選擇，從今天起，為自己寫一齣全新的劇本。

這就是第十七章要帶妳踏上的旅程。恭喜妳開始走進妳自己的潛意識，種下妳的幸福種子，讓妳的潛意識，開始自動運轉幸福系統。

妳不是孤單一個人，因為這條路上，已經有上千位女性走在這裡。只要妳願意，也可以在一〇〇天後，遇見那個幸福的自己。

思考練習題

標題：**寫下妳的「幸福種子清單」。**

請準備一張紙或筆記本，寫下妳今天願意為自己的幸福種下的第一顆種子。這不需要很大，不需要很完美，只要是一點點就好。

以下是一些引導問題，幫助妳開始行動：

- 今天我最常出現的情緒是什麼？它可能來自哪一個潛意識設定？
- 我是否正在重複某個不屬於我的劇本？這個劇本是誰給我的？
- 我想改寫的第一段「對自己的說法」是什麼？請試著寫出一句新的語言（例如：從「我總是失敗」改成「我正在學習變強」）。
- 我今天可以為自己做一件什麼小事，來練習幸福？（例如：對自己微笑、對一個人說謝謝、靜坐三分鐘等）
- 如果幸福是一棵樹，今天我可以為它澆什麼水？

幸福種子簽名儀式

「我願意，從今天起，用新的眼光看待我自己。」

請寫下這句話，並簽上妳的名字。

這是妳與自己靈魂的第一份幸福契約。

第十八章
推掉妳內心那句「我不行」，人生會瞬間打開

我們都以為，只要再努力一點、忍耐多一點、變好一點，幸福就會來敲門。但事實上，真正阻止妳靠近幸福的，從來不是妳的能力或條件——而是妳內心一直默默相信的那些「錯誤信念」。

很多女人卡在原地，不是因為不夠努力，而是因為一直活在錯誤的潛意識劇本裡。這一章，我想帶妳推倒三塊關鍵的內在骨牌，讓妳重新看見——妳不是不能幸福，而是太習慣用錯的方式尋找它。

盲點一：我改變不了，因為「這就是我」

很多人說：「我就這樣啊，我從小就沒自信。」、「我天生就不會談戀愛。」這些話聽起來好像在陳述事實，但其實妳是在對潛意識自我催眠。

這是第一個最深的陷阱——把自己的限制，當作身分認同。

當妳相信「我就是這樣」，妳就不會再尋找方法，也不會容許自己有不同的選擇。但真相是，沒有人天生沒自信，沒有人註定愛情失敗。

那只是妳的潛意識在重播一段「舊劇本」。只要重新編劇，角色和結局都能改變。

盲點二：我要變好，別人才會來愛我

這個信念看起來很正向，甚至有一點激勵人心。但其實，它藏著一個很深的匱乏根源。

「我要更瘦、更漂亮、更溫柔、更會說話，別人才會愛我。」、「我不能有情緒，不能太黏人，不能太獨立……否則他會離開我。」

這樣的愛，不是自由的，而是交換的。而當妳把「值得被愛」綁在「表現得夠好」，妳永遠會覺得「我還不夠」。

真正的幸福關係，不是「我變得完美所以他才愛我」，而是「我真實的樣子就值得被愛」。

盲點三：我知道怎麼做了，但就是做不到

這是第三個陷阱，也是成長路上最容易掉入的。

很多人學了很多、看了很多，懂得很多心理學、溝通術、自我覺察……但生活還是過得一團糟。

她們會說：「我知道這樣不對啊，但我就是改不了。」因為頭腦知道，潛意識卻還沒轉化。

真正的改變，不是靠道理，而是靠情緒體驗與潛意識改寫。這也是為什麼SEED自動幸福系統有效——因為它不是教妳更多知識，而是帶妳去重寫故事的源頭。

靖的故事：從十年婚姻泥淖到靈魂覺醒

靖很年輕就結婚了，但婚姻一直充滿挑戰。她努力經營、委屈求全，但三年後丈夫卻以「性格不合」為由提出離婚。

這並不是結束，而是一連串痛苦的開始。那十年間，她非常努力要挽回婚姻，一直調整自己來符合先生的期待。但是不管怎麼做，換來的還是冰冷的對待。這讓靖幾乎每一天都活在否定與羞愧裡，她覺得自己很糟糕、很丟臉，也不配擁有幸福。她甚至曾經站在碼頭邊，想著：「如果我現在跳下去，是不是就可以解脫了？」

但就在那一刻，她腦中浮現母親的臉——那麼愛她、那麼在乎她。她含著淚轉身，對自己說：「我不能這樣結束，我要重新找回我自己。」

那是她人生真正的轉捩點。她開始健身、學習，參加活動、接觸不同的觀念。雖然還是時常懷疑，但她開始慢慢往光裡走。

直到離婚後的兩個星期，她遇見了我，也進入了【一〇〇分幸福女人學】

的課程。她開始練習看見自己的價值、學會愛自己，也慢慢地吸引到欣賞她本來樣子的對象。

她曾經擔心自己「離婚的身分」會讓人卻步，但那些主動靠近她的男生，反而因為她的敞開與真實，更願意珍惜她。

靖說：「原來真正愛妳的人，是可以接受妳完整模樣的人。」

她最近寫給我一段話——

「我知道我對我的人生有完全的掌控權，我有無限的快樂潛能，快樂就是我的基因，我每天都可以過得很快樂，而我現在真的每天都可以不用理由就超級快樂！我愛我自己！我愛我現在的生活！快樂真好！感謝小紀老師教會了我快樂的方法！以前曾經痛苦得好想放棄生命，現在覺得，活著真好！我熱愛我生命的每一天。感恩所擁有的一切祝福！所以我發現自己的特質就是：我有無限的快樂潛能！而且我超級會傳播快樂能量的！」

這就是潛意識的改寫：從「我是沒人愛的」，到「我值得被全然接納與愛」。

幸福的轉捩點：不是努力，而是信念轉彎

潛意識改寫需要做這三件事：**重複、連結與情緒狀態。**

不是看懂了什麼道理，而是——妳願不願意開始「說出一個不一樣的故事」。

當你不斷專注在「我沒有」、「我做不到」、「我再努力也沒用」，你的注意力、頻率與行動就會鎖定在「匱乏」。

不僅會變得小心翼翼、步步為營，彷彿只要出錯一點，愛就會離開、幸福就會毀滅。這樣的狀態，只會吸引來更多的不安與懷疑。

但當一個人跌到谷底，反而有機會鬆開那層「完美控制」的面具。她會開始抬頭仰望，並開始重新選擇要相信什麼。

這時，改變就有可能發生。

幸福，不是妳表現得多好才能換來的結果，而是——妳是否願意重新對自己好好說話。

語言，是信念動搖的第一步。當妳換一種說法，妳的潛意識也會開始產生新的選擇。

行動練習：今天的信念小轉彎

請妳寫下——

- 我最近常對自己說的三句話是什麼？它們是鼓勵還是限制？
- 有哪一句話，其實是我小時候從別人那裡聽來的？
- 如果我願意為自己換一種說法，我想說：「————。」

幸福不在遠方，它在妳每天選擇的那個信念裡。今天，請妳選擇新的語言、新的態度、新的開始。

這一次，不再討好、不再迎合、不再否定，而是——溫柔地帶自己回家。

第十九章

幸福不是等別人改變，而是妳先開始調頻

「老師，我老公沒有上課，他真的會改變嗎？」、「我家人都沒變，只有我自己調整有用嗎？」、「我覺得整個環境都不支持我快樂，這樣真的能幸福嗎？」

這些問題，是我這些年最常聽見的聲音。在她們心裡，有一塊骨牌還沒有倒下，那就是——

幸福的可能性，掌握在別人手上。

這一章，我們要一起推倒這塊骨牌。不是因為妳該責怪自己，而是妳值得重新理解：真正的幸福，不是等到全世界變得完美，而是從「妳的內在頻率」開始轉變。

盲點一：只有我改變，有什麼用？

這句話背後藏著一種無形的絕望。妳可能努力練習、努力覺察，甚至嘗試溝通，但當對方沒反應、外在沒改變，就很容易掉入「我的改變是沒價值的」

陷阱。

但妳知道嗎？頻率是一種能量語言。當妳的頻率改變，世界會隨之回應。

學員故事一：Sharon的頻率奇蹟

過去我的生活充滿壓力，爸爸的情緒化讓我很反感；老闆質疑我的能力，讓我覺得自己永遠不夠好，總覺得自己在工作上毫無價值。

直到我遇到小紀老師，我的口頭禪已經變成「天哪，太神奇了吧！」只是改變了自己的潛意識，療癒了內在，生活中的一切竟然都轉變成美好。原本固執的大男人爸爸，現在都主動幫我遛狗、做家事。老闆從不斷批評我，轉變成認可我的能力，不僅推薦我工作機會，還能一起談天說笑。這些關係的轉變，是我從沒有想像的畫面，卻真實地發生了。

透過天賦諮詢，我找到了自己的價值和優勢。最近，我設定了理想工作的目標，列出包括收入、工作內容、同事相處氛圍、通勤時間等二十個條件。短短兩個月，我就成功顯化符合條件的工作！現在，我每天都在做著讓靈魂快樂的事，最驚喜的是，金錢也一直自己來找我！真的非常太神奇！

感謝小紀老師轉變我的生活，使我找到人生使命——幫助他人獲得幸福。這份使命吸引了各個領域的貴人，協助我開啟了我的幸福事業！

盲點二：如果我變了，會不會被討厭？

很多人不敢走出原來的劇本，是因為潛意識害怕：「如果我不再迎合，我會被排斥。」但真正的自我，並不需要妳討好才能被接納。

學員故事二：Jessica的療癒與重生

以前的我，是一個敏感內耗又沒有自信的人。因為抑鬱症，內核不穩又匱乏，愛情也不太順利。但脆弱的我沒有放棄自己，不停尋找幫助，終於讓我遇上小紀老師。

就是這麼神奇，困住了我這麼多年的內在限制性信念在短短的三個月內居然完全改變。

最大的收穫是解決了原生家庭的問題，原來是會一直默默影響到我的愛情觀。也更了解了腦神經科學及潛意識運作原理，讓我更可以改寫自己的大腦，往好的正面的想法。還有如何種好的種子，以及顯化美好的事物。

我從未感覺過世界是如此的輕鬆如此的美好，我終於停止了很多年的內耗，停止了在內心攻擊自己，一切都變得如此輕盈自在，我可以把一切的能量都專注在我想要的事物上。

上完課後，我還找到符合理想伴侶清單的男朋友，現在我工作也很順利，感情也很美滿。覺得我的美好人生才剛開始，真的謝謝吸引力法則，感恩遇到改變我一生的小紀老師。

盲點三：環境真的很差，不是我想太多

沒錯，有時候妳身處的現實真的不理想。但如果妳的注意力一直鎖定在「誰沒變」、「誰拖累我」，那妳就會被綁在那個版本的現實裡。

學員故事三：Mandy斷崖式分手的深淵轉向

「明明以前的我都不會這樣，到底為什麼變得這麼敏感又焦慮？」這是在前男友與好友對我斷崖式分手與失聯後，精神狀態極度不穩的我唯一的想法。而這時候出現在我面前的，是路隊長的「好女人情場攻略」，抱著救命稻草與試試看的心態加入了吸引理想伴侶的課程，這也是我與小紀老師緣分的開始。

從理想伴侶的課程開啟潛意識，到【一〇〇分幸福女人學】的溝通表達與天賦的學習，我才發現過往原生家庭寫下的負面對話與種種限制性信念，才是讓我一直在關係裡不停輪迴的原因。

在不斷的覺察下，我學會接納不完美的自己，而當我擁抱真實的自己之後，才看到其實許多的美好一直都是在我身邊的。

真的很感謝小紀老師透過所有的課程、導讀與Q&A問答，讓我能夠越來越快地調整自己的狀態，現在的我會將自己的感受放在第一位，並且懂得建立自己的邊界感；意識到原來自己過往的溝通方式是有問題，所以才總是得不到我要的。

最不可思議的是，在我開始學習之後，不只是原生家庭的關係改善，與朋友們也變得更加緊密，就連以前覺得難相處的同事也開始會講笑話逗我開心。

正是因為那時在深淵的我沒有想過要放棄自己，所以宇宙才會把小紀老師帶到我的身邊吧！在與小紀老師相遇的短短幾個月，除了找回了過去不小心丟掉的自己，也是小紀老師讓我了解到，原來自信自在的活出自己，是一件如此簡單又幸福的事情。

幸福從誰開始？從妳開始！

人的痛苦循環就來自於希望別人改變。當選擇權在別人身上，就會感覺無力感和焦慮痛苦。外在世界是一面鏡子，會精準無誤的反應你的內在對應頻率。當你內在有匱乏的頻率時，你就會看到讓你感覺到匱乏的外在世界。

我非常喜歡一句話：事情要改變，我要先改變。當妳不是在「改變對方」，而是在改變妳「對自己的態度」時，妳就會拿回人生的主動權，並且會改變妳「選擇進入什麼場域、吸引什麼樣的互動」。

當妳開始活出更真實的自己——

妳會勇敢地說「不」，而不是委屈自己。

妳會不再解釋，而是溫柔堅定地立界線。

妳會選擇尊重自己的感受，而不是犧牲換取愛。

這樣的妳，頻率自然不同。妳吸引來的對象也會不同。妳回到的家庭、工作的磁場，也會不同。

行動練習：今天，我願意從我開始

請妳寫下——

- 一段妳一直覺得「對方不改我就無解」的關係情境。
- 如果對方永遠不會變，那我能做些什麼，讓自己過得更好？
- 今天，我願意為自己的幸福，做哪一個小小的調頻行動？（例如：說一句真心話、允許自己放鬆、不再責怪自己）

幸福，不是外面的世界變得剛剛好，而是妳的內在願意先往「剛剛好」靠近。

當妳變了，世界就會慢慢為妳改變。

第二十章
成為妳的幸福設計師

幸福不是靠等待，也不是靠運氣，而是可以透過設計，一步步實現。這一章，我想帶妳走進真正的幸福創造過程，讓妳相信——只要妳願意打掉重練，找對教練，幸福，是可以被設計出來的。

幸福不是偶然，是妳可以設計的結果

很多人以為，幸福是一種命運的安排。有人生來就有好姻緣、好家庭、好事業，自己卻總是落空。

但事實並非如此。幸福從來都不是「等來的」，而是「設計來的」。

我們在第十八章談到推倒妳的不相信，在第十九章看見外在世界的改變來自內在頻率的轉動，現在，我們要整合SEED自動幸福系統的四大步驟，真正開始「創造屬於妳的幸福藍圖」。

幸福藍圖：妳的四大設計象限

請妳拿出一張紙，畫出妳的四大幸福象限：

- 愛情（我想要什麼樣的親密關係）
- 關係（我和家人、朋友、同事的相處）
- 事業（金錢、工作、熱愛的事）
- 身心靈（我與自己相處的方式）

接著，妳可以給每個象限評分（〇到一〇〇），並問自己：「我最想先在哪一個象限啟動幸福的行動？」

幸福不是大翻轉，而是每天一%的累積。幸福，是一種可以練習出來的設計感。

幸福不是夢，是設計＋顯化的整合力

當妳設計好幸福藍圖後，就可以進入SEED自動幸福系統的四大步驟：

S—Subconscious 潛意識對齊：看見那些限制妳的內在信念，例如「我不值得被愛」、「我沒資格做自己喜歡的事」改寫成「我值得被愛」、「我生來就是來做自己喜歡的事」

E—Eye to See 有所覺察：看見當下生活中哪些地方與妳的幸福願景不一致，從這個線索找回阻止當下感受幸福的頻率來自甚麼事件，並回到過去改寫。

E—Empowered Seed 播種幸福種子：每天一個行動：說一句話、做一件事、改一個習慣。想要得到什麼就先付出什麼：想得到愛就先每天對別人付出一個愛的行動。

D—Dream Alignment 對準幸福願景：將焦點專注在夢想或是願景，讓腦子充滿豐盛並內化為感受，用感謝與相信打開接收之門。

幸福的能量，不只是靠想，更要靠「身體記憶」的。當妳每天都在「我就是那個幸福的自己」的頻率中生活，吸引力就會開始運作。

案例總結：小林的幸福設計奇蹟

我想與妳分享我的學員小林的真實故事。

在人生最低潮的時候，她透過丹妮婊姐的Podcast認識了我。那時的她，連課程都無法負擔，還是鼓起勇氣跟家人借錢報名了【一〇〇分幸福女人學】。

一開始她幾乎不敢上課、不敢分享，甚至懷疑自己「真的能幸福嗎？」

但她願意一點一滴地行動——從聽課程、參加見面會、做夢想版開始，她的生命開始悄悄轉變。

過去她每天剪婚禮影片，卻邊哭邊上班。現在她離職後接連收穫：

- 美國的哥哥主動接她去波士頓生活學英文，並提供住宿與機票。
- 工作擴展無法購買攝影器材時，卻意外被爸爸支援啟動資金。
- 認識美國婚禮攝影師，並受邀擔任海外助理攝影。

她從一個怕英文、怕改變的女生，變成準備赴美的婚禮攝影師，並且成為一個積極學習語言的行動派，實現了她以前不敢想的夢想——擁有攝影器材、去美國、拍攝海外婚禮，竟然一一實現！

感情上，她從過去對愛不信任、只停留在曖昧，在練習列出理想伴侶清單後，遇見了九十%契合的對象，在二〇二四年聖誕節正式交往。

她說：「我現在回頭看，真的應該列出更多條件才對。」

這就是幸福設計的威力。不是因為她很幸運，而是因為她願意相信、願意行動、願意顯化。

幸福不是只能留在日記裡的文字、筆記本上的夢想，而是能在生活中閃耀，也能在人與人的連結中擴散出溫暖與影響力。當妳願意活出一〇〇分幸福，妳的生命本身就會成為一份最美的禮物。妳可以透過這三件事，創造一個持續幸福的環境：

一、建立支持妳成長的社群

我們都需要一個可以「放心做自己」的空間。

在幸福的路上，妳不需要一個人走。當妳身邊有一群也渴望活出熱愛、也相信幸福可以被設計的女人們互相陪伴、互相鼓勵、互相成就，幸福的力量就不只是一個人的，而是集體的磁場提升。

請為自己找到這樣的社群：一群妳可以不用偽裝的靈魂夥伴，一個可以讓妳說真話、哭出來、笑出來、並一起慶祝每一個小成功的空間。

妳可以創造這個社群，成為那個讓別人感覺到「我也可以幸福」的人。或是加入小紀老師為妳創造的【一〇〇分幸福女人遊樂園】，因為我相信幸福的連結，就是世界最自然的療癒。

二、妳的存在，就是禮物

妳可能不知道，當妳選擇對自己溫柔一點，對夢想勇敢一點，對生活多一點熱情，那些正在觀察妳的人（妳的孩子、伴侶、朋友、同事），他們正在默默被妳點亮。幸福是有感染力的。妳越活出真實，就越鼓勵其他人也敢展現自己的靈魂。

妳不需要很完美，也不需要做到很多事。妳只要真誠、勇敢、願意分享，那份幸福的光芒就會成為別人心中的希望之光。

三、一〇〇分幸福的日常實踐：分享、連結、擴散

幸福不是一場比賽，而是一種練習的節奏。請讓妳的幸福，進入日常。

- 每天練習感恩與快樂
- 每週與身邊的人進行一次深度對話
- 每月寫下一篇自己生命中的幸福轉變，發表在社群或送給一個人

當妳這樣做，幸福不再只是屬於妳，而會如波紋般，影響到妳的家人、朋友圈、甚至陌生人。

妳的生命，是一場點燈的旅程。從點亮自己開始，然後點亮更多女人的生命。讓我們用愛與實踐，持續傳遞這份一〇〇分幸福的力量。

謝謝妳走到這裡。謝謝妳選擇相信幸福是可以被設計的。這本書，不只是閱讀的結束，而是幸福實踐的開始。現在，妳準備好，帶著這份光，走進妳的一〇〇分幸福人生了嗎？

結語：一〇〇分的幸福，從今天開始

妳已經看見，一〇〇分的幸福並不是遙不可及的夢，而是透過潛意識的轉化、情感的覺察、行動的積累與社群的連結，一步步活出來的結果。

這趟旅程不會完美，但只要妳願意啟動，它就會帶妳遇見那個全新的自己。

幸福一〇〇的藍圖，妳準備好啟動了嗎？

請記得：

- 妳的潛力，就藏在每天一%的微小改變裡。
- 妳的改變，將成為其他女人的希望。

·妳的選擇，決定妳的人生走向。

一百天後的妳，會驚訝地發現自己不只是活得更快樂、更自在，更像妳一直想成為的那個人。

現在就行動，讓小紀老師陪妳一起設計一〇〇分的幸福人生！

妳不需要一個人完成這一切。幸福的路上，有一群女人和妳一樣，在用SEED自動幸福系統實踐她們的幸福願景。

歡迎妳加入【一〇〇分幸福女人遊樂園】，這是一個為相信幸福可以設計的妳準備的地方。邀請妳和一群勇敢走在幸福路上的姐妹們，一起學習、一起成長、一起創造影響力。

在這裡，妳可以：

- 與來自不同城市與人生階段的姐妹交流支持。
- 獲得幸福設計任務與小挑戰。
- 一起見證彼此的成長、顯化與突破。

如果妳曾經懷疑自己能不能幸福，現在妳可以選擇：

100分幸福女人遊樂園

・成為自己的幸福設計師，讓人生由妳定義。

・不再等待別人改變，從今天起，妳就是那個光的起點。

這條路，妳不用一個人走。讓我們一起種下幸福的種子，一起收穫一〇〇分的人生。

後記

寫給此刻的妳

妳願意愛自己，就是這本書最美的結局

親愛的妳，

謝謝妳走到了這裡。

在這個快節奏的世界，願意靜下心來讀完一本書，是一種珍貴的選擇。更珍貴的是——妳選擇了「自己」。

這不只是一場閱讀，更是一場與自己靈魂的相遇。

我知道，這一路走來，妳或許曾懷疑過幸福到底存不存在。

曾在深夜裡問自己：

「我這樣努力了，怎麼還是不夠好？」

「我真的值得被愛嗎？」

「會不會，幸福根本不屬於我？」

我懂，因為我也曾經這樣問過自己。

但我想把我的故事、我的答案，連同這本書，一起送給妳：

幸福，不是運氣，而是選擇。

而妳，永遠有力量，為自己重新選擇。

請妳記得，愛的種子已經在妳心裡。它或許還很小，但只要妳願意澆水、給陽光，它就會慢慢長大。未來的某一天，妳會親眼看見它開花結果——成為那個溫柔又堅定、愛著也被愛著的自己。

我想邀請妳，讓我們不要停在這一頁的結束。

真正的幸福，才正要開始。

我邀請妳，加入我打造的【一〇〇分幸福女人遊樂園】。

這裡不是網路社團，也不是學習群組，而是一座讓妳願意夢、敢愛、能實現的「幸福基地」。

在這裡，我們：

- 陪妳打破舊的劇本，設計屬於妳的幸福人生；
- 用一〇〇天翻轉人生的系統，一步步讓理想伴侶出現在妳眼前；
- 用深度對話和潛意識練習，讓妳從「努力撐著」變成「輕鬆喜悅地活著」。

掃描書末的QR code就能加入。

也歡迎追蹤我的Instagram、Podcast、YouTube，讓我們繼續在真實生活裡同行。

因為妳值得、妳可以、妳已經準備好。

下一步，就讓我們一起——顯化妳的一〇〇分幸福人生。

支持妳的幸福設計師

小紀老師 敬上

100分女人幸福學

女人
妳值得100分的幸福

作　　者　小紀老師（紀惠芳）
總 編 輯　龐君豪
視覺設計　楊國長

發 行 人　曾大福
出版　暖暖書屋文化事業股份有限公司
地址　106 臺北市大安區青田街 5 巷 13 號 1 樓
電話　02-23916380
傳真　02-23911186
總 經 銷　聯合發行股份有限公司
地址　231 新北市新店區寶橋路 235 巷 6 弄 6 號 2 樓
電話　02-29178022
傳真　02-29158614

印　　刷　博創印刷
出版日期　2025 年 09 月（初版一刷）
定　　價　450 元

國家圖書館出版品預行編目資料

女人妳值得100分的幸福 = Womam happy 100/小紀老師（紀惠芳）作. -- 初版. -- 臺北市 : 暖暖書屋文化事業股份有限公司, 2025.09
280面 ;14,8×21公分
ISBN 978-626-7457-45-0(平裝)

1.CST: 成功法 2.CST: 幸福 3.CST: 女性

177.2　　114010526